FENGANGWEIQIYEKUAIJISHIWUXITICE

分岗位企业会计实务

习题册

吴　榕◎主　编
刘中爱　谢梅花◎副主编
姚云霞◎主　审

·北京·

图书在版编目（CIP）数据

分岗位企业会计实务习题册/吴榕主编

北京：中国经济出版社，2012.2

“十二五”高职高专财经管理类规划教材

ISBN 978－7－5136－1011－7

Ⅰ.①分… Ⅱ.①吴… Ⅲ.①企业管理－财务会计－教学参考资料 Ⅳ.①F275.2

中国版本图书馆 CIP 数据核字（2011）第 173267 号

责任编辑 焦晓云
责任审读 霍宏涛
责任印制 张江虹
封面设计 任燕飞装帧设计工作室

出版发行 中国经济出版社
印 刷 者 北京金华印刷有限公司
经 销 者 各地新华书店
开 本 787mm×1092mm 1/16
印 张 11.25
字 数 254 千字
版 次 2012 年 2 月第 1 版
印 次 2012 年 2 月第 1 次
书 号 ISBN 978－7－5136－1011－7/G·1609
定 价 26.00 元

中国经济出版社 网址 www.economyph.com **社址** 北京市西城区百万庄北街 3 号 **邮编** 100037

本版图书如存在印装质量问题，请与本社发行中心联系调换（联系电话：010－68319116）

前　言

《分岗位企业会计实务习题册》是《分岗位企业会计实务》(中国经济出版社,吴榕主编)的配套辅助教材,目的是配合主教材进行辅助教学。本配套辅助教材主要根据我国2006年财政部颁布的《企业会计准则》和《企业会计准则——应用指南》以及最新财经法规的相关规定,由双师型教师经过长时间的调研和多方面的搜集资料,精心编写而成。

本配套辅助教材具有以下特点:

1. 编者根据主教材中各岗位的教学目的、教学重点、难点,分岗位精心设计和编制相关练习题和实训题,使学生通过必要的练习和实训,进一步巩固和掌握主教材中所学的会计理论知识和专业技能。

2. 题型较多,包括单项选择题、多项选择题、判断题以及分岗位会计核算题等,有助于学生从不同角度和层面进行练习。

3. 练习题注重会计实务,以企业日常经济业务为素材,从会计基本理论到会计基本技能,层层深入。通过全面的练习和模拟实训,可提高学生的会计职业技能和动手操作能力,缩短岗位工作适应期,为学生就业做好充分的岗前准备。

本配套辅助教材由吴榕(副教授、注册会计师)担任主编;由刘中爱(副教授、会计师)和谢梅花(讲师、纳税筹划师)担任副主编;由姚云霞(高级讲师、纳税筹划师)担任主审。

本配套辅助教材共分八个岗位,其中岗位一由苗俊美(教授)编写;岗位二由谢梅花编写;岗位三由孙敬平(讲师、纳税筹划师)编写;岗位四由吴榕编写;岗位五至岗位七由姚云霞编写;岗位八由刘中爱编写。

在编写过程中,我们得到了许多会计专家和学者的指导和帮助,在此对他们表示衷心的感谢!

由于编者水平有限,书中疏漏和不足之处在所难免,敬请业内专家和使用本教材的师生及其他读者批评指正,编者将不胜感激!

编　者

2011年12月

目 录

岗位一　出纳岗位会计实务

一、单项选择题

1. 下列关于对外来发票出现错误金额的处理中,符合《中华人民共和国会计法》规定的是(　　)。

A. 退回原出具单位,并由原出具单位重新开发票

B. 退回原出具单位,并由原出具单位划线更正并加盖公章

C. 接受单位直接更正,并要求原出具单位说明情况同时加盖单位公章

D. 接受单位直接更正,并说明情况同时加盖单位公章

2. 签发空头支票按票面金额处以(　　)但不低于(　　)的罚款。

A. 2%;500 元　　B. 5%;1 000 元　　C. 2%;1 000 元　　D. 5%;500 元

3. ¥ 100 009.00 大写的正确写法是(　　)。

A. 人民币壹拾万另玖元整　　B. 人民币拾万零玖元整

C. 人民币壹拾万零玖元整　　D. 人民币壹拾万零玖元

4. 按照现行会计制度的规定,(　　)应作为应收票据进行核算。

A. 支票　　B. 银行本票　　C. 银行汇票　　D. 商业汇票

5. 银行本票付款期限为(　　)。

A. 1 个月　　B. 2 个月　　C. 3 个月　　D. 6 个月

6. 票据记载事项,属于可以更改的事项是(　　)。

A. 金额　　B. 收款人名称　　C. 日期　　D. 用途

7. 将现金存入银行时,一般应编制(　　)。

A. 现金收款凭证　　B. 银行收款凭证

C. 现金付款凭证　　D. 银行付款凭证

8. 对于银行已入账而企业尚未入账的未达账项,企业应当(　　)。

A. 根据“银行对账单”入账　　B. 根据“银行存款余额调节表”入账

C. 根据对账单和调节表自制凭证入账　　D. 待有关结账凭证到达后入账

9. 我国企业会计实务中的现金是指(　　)。

A. 库存现金和银行存款　　B. 库存现金

C. 库存现金和有价证券　　D. 现金、银行存款和其他货币资金

10. 在现金盘点中,(　　)是记录盘点结果的书面证明,也是反映现金实存数的原始

凭证。

A. 盘点单　　B. 实存账存对比表

C. 盘点盈亏报告表　　D. 以上均是

11. 支票的有效期限为(　　)。

A. 15 天　　B. 10 天　　C. 30 天　　D. 一个月

12. 人民币的符号为(　　)。

A. ¥　　B. $　　C. £　　D. §

13. 原始凭证的保管期限一般为(　　)。

A. 10 年　　B. 20 年　　C. 5 年　　D. 15 年

14. 差旅费的开支范围不包括(　　)。

A. 交通费　　B. 住宿费　　C. 伙食补助费　　D. 广告费

15. 企业从银行提取现金,应该编制的记账凭证是(　　)。

A. 银行存款付款凭证　　B. 银行收款凭证

C. 现金付款凭证　　D. 现金收款凭证

16. 残缺币全额兑换是指票面残缺不超过(　　),其余部分的图案、文字能照原样连接。

A. 三分之一　　B. 四分之一　　C. 五分之一　　D. 六分之一

17. 某储户在一家储蓄机构一次性支取现金(　　)万元时需要出示储户身份证件。

A. 3 万元　　B. 2 万元　　C. 5 万元　　D. 1 万元

18. 票据的出票日期必须使用中文大写,2 月 20 日的正确写法是(　　)。

A. 贰月零贰拾日　　B. 零贰月零贰拾日　　C. 零贰月贰拾日　　D. 贰月贰拾日

19. (　　)不得兼任稽核、会计档案和收入、支出费用、债权债务账目的登记工作。

A. 会计主管　　B. 单位负责人

C. 单位负责人和出纳人员　　D. 出纳人员

20. 下列币种属于辅币的是(　　)。

A. 壹佰元　　B. 壹元　　C. 拾元　　D. 伍角

21. 会计人员在企业中属于(　　)。

A. 生产管理人员　　B. 行政管理人员　　C. 生产人员　　D. 服务人员

22. 企业会计岗位设置中,绝对不相容的岗位是(　　)。

A. 出纳和记账　　B. 出纳和会计

C. 会计和会计主管　　D. 总账会计和会计主管

23. 会计核算中所指的库存现金是指存放在企业(　　)的货币资金。

A. 办公室　　B. 财会部门　　C. 业务经办部门　　D. 内部各机构

24. 出纳到开户银行送存现金应填制(　　)。

A. 现金支票　　B. 转账支票　　C. 现金缴款单　　D. 进账单

25. 银行汇票结算方式下,收款方会计是依据(　　)做账务处理。

A. 银行汇票申请书　　B. 银行汇票

C. 进账单　　D. 剩余款项入账通知书

26. 签发支票，是直接通过(　　)账户核算。

A. 银行存款　B. 其他货币资金　C. 应收票据　D. 应收账款

27. 付款方签发转账支票交开户行后，会计应依据(　　)做付款的账务处理。

A. 开户行付款通知书　B. 转账支票存根

C. 转账支票正本　D. 进账单(收账通知)

28. 企业在银行办理各项结算业务时支付的各项费用，应计入(　　)账户。

A. 营业外支出　B. 其他业务支出　C. 财务费用　D. 管理费用

29. 现金清查中"长款"的核算，不涉及(　　)账户。

A. 待处理财产损溢　B. 库存现金

C. 营业外收入　D. 其他业务收入

30. 银行存款清查的方法是(　　)。

A. 银行存款日记账与银行存款总账核对　B. 银行存款日记账与银行存款明细账核对

C. 银行存款日记账与银行对账单核对　D. 银行存款日记账与银行存款核对

31. 对现金清查中出现的长款或短款进行账务处理时，入账的依据是(　　)。

A. 现金日记账　B. 现金盘点表

C. 银行对账单　D. 银行存款日记账

二、多项选择题

1. 根据《会计法》的规定，下列各项中，出纳人员不得兼任的工作有(　　)。

A. 登记费用账目　B. 登记债权债务账目　C. 保管会计档案　D. 稽核

2. 收款凭证的编号可分为(　　)。

A. 现收　B. 银收　C. 现付　D. 银付

3. 记账时，要用(　　)书写。

A. 蓝黑墨水笔　B. 碳素墨水笔　C. 圆珠笔　D. 铅笔

4. 下列事项中属于支票必须记载的事项的是(　　)。

A. 表明"支票"的字样　B. 确定的金额

C. 收款人名称　D. 付款人名称

5. 银行本票分为定额和不定额两种，定额本票票面额有(　　)。

A. 500　B. 1 000　C. 2 000　D. 10 000

6. 同城和异地均可使用的转账结算方式有(　　)。

A. 支票　B. 汇兑　C. 信用卡　D. 托收承付

7. 出纳预收现金货款时，应借记(　　)账户，贷记(　　)。

A. 库存现金　B. 预收账款

C. 主营业务收入　D. 营业外收入

8. 开户单位可以使用现金的范围包括(　　)。

A. 个人劳务报酬　B. 出差人员必须随身携带的差旅费

C. 职工工资、津贴　D. 向个人收购农副产品的价款

9. 银行承兑汇票到期，如果承兑申请人无能力支付票据款，应由(　　)。
A. 承兑银行付款　　B. 购销双方自行处理
C. 可以延期付款　　D. 银行代扣款并处以罚款
10. 出纳工作的职能是(　　)。
A. 收付职能　　B. 反映职能　　C. 监督职能　　D. 管理职能
11. 单位银行结算账户的种类有(　　)。
A. 基本账户　　B. 一般账户　　C. 专用账户　　D. 临时账户
12. 下列属于商业汇票的是(　　)。
A. 银行本票　　B. 银行承兑汇票　　B. 银行汇票　　D. 商业承兑汇票
13. 出纳人员的配备形式有(　　)。
A. 一人一岗　　B. 多人多岗　　C. 一人多岗　　D. 一岗多人
14. 出纳人员可以登记的账簿有(　　)。
A. 收入明细账　　B. 总账　　C. 库存现金日记账　　D. 银行日记账
15. 现金管理的原则包括(　　)。
A. 收付合法原则　　B. 收付两清原则
C. 钱账分管原则　　D. 日清日结原则
16. 对账的内容包括(　　)。
A. 账证核对　　B. 账表核对　　C. 账账核对　　D. 账款核对
17. 人民币硬币有(　　)等情形之一有不宜流通。
A. 穿孔裂口　　B. 变形磨损
C. 氧化　　D. 文字、面额数字、图案模糊不清
18. 以下人民币中不得流通的有(　　)。
A. 不能兑换的残缺，污损人民币　　B. 停止流通的人民币
C. 票面缺少五分之一的人民币　　D. 纪念币
19. 差旅费的开支范围包括(　　)。
A. 交通费　　B. 住宿费　　C. 伙食补助费　　D. 广告费

三、判断题

1. 将现金存入银行一般只填制银行收款凭证。(　　)
2. 信用卡透支额，金卡最高不得超过5万元，透支期限最长30天。(　　)
3. 银行汇票的金额起点为500元。(　　)
4. 企业超过库存现金限额的现金必须及时送存银行，坚持收支两条线。(　　)
5. 在填写票据的出票日期时，应将“1月12日”填写成零壹月壹拾贰日。(　　)
6. 必要时，企业可以从现金收入中直接支取现金。(　　)
7. 我国会计上所定的现金概念，是指广义现金。(　　)
8. 出纳人员可以登记的账簿为总账。(　　)
9. 清点核对并开出单据后，再发现现金短缺或假钞的，应由出纳人员负责。(　　)

10. 填写支票的日期应以阿拉伯数字填写。（　）

11. 开具发票时，应在发票上盖上发票专用章。（　）

12. 中国银行负责监督、检查银行结算账户的开立和使用。（　）

13. 信用卡是同城和异地均可使用的转账结算方式。（　）

14. 支票是单位或个人签发的，委托办理支票存款业务的银行在见票时无条件支付确定的金额给收款人或者持票人的票据。（　）

15. 发现假币，一律没收，包括可疑币（券）。（　）

16. 票面残损 1/5 以上至 1/2，其余部分的图案、文字能照原样连接的人民币可按半额兑换。（　）

17. 在对银行存款日记账和银行对账单进行核对时，一般按照银行结算单据种类、结算单据号、金额进行核对。（　）

18. 对单位的存款利息，可以支付现金。（　）

19. 在企业里，资金使用都要由单位负责人审批。（　）

20. 企业制订的内部财务制度不得违背国家统一的会计制度、企业会计准则的规定。（　）

21. 出纳签发支票后，应将支票存根提交开户银行（或收款人），支票正本交会计做记账的依据。（　）

22. 出纳除保管现金外，一般还保管企业的空白银行单据等物品。（　）

23. 出纳在收取现金时，应先收妥现金，再出具收款单据。（　）

24. 企业的备用金是存放在企业内部不包括财会部门的其他机构的资金。（　）

25. 备用金的使用部门应专设出纳人员保管现金。（　）

26. 签发银行汇票、银行本票的核算，均通过“其他货币资金”账户，只是明细核算账户不同。（　）

27. 银行承兑汇票付款人到期无力付款，收款人应将应收票据转入“应收账款”账户。（　）

28. 汇兑结算方式下，汇款方无需通过“其他货币资金”账户核算，直接通过银行存款账户。（　）

29. “钱账分管”原则意味着出纳只管现金、银行存款等货币资金，会计负责现金、银行存款的记账。（　）

30. 银行存款清查中存在未达账项时，应编制“银行存款余额调节表”进行调整，并依据调整后的金额进行账务处理。（　）

四、岗位核算题

Ⅰ.编制银行存款余额调节表

兴隆公司 2012 年 2 月份银行存款日记账账面记录和银行对账单分别见表 1－1、表1－2。

要求：根据给出的资料填写银行存款余额调节表，见表 1－3。

表1-1 银行存款日记账

12年		凭证		银行凭证		摘要	借方	贷方	余额
月	日	字	号	名称	号数				
2	1					期初余额			603,877.00
	1	收	60#	汇票	6088#	销售产品	105,687.00		709,564.00
	2	付	75#	转支	2014#	付购材料		17,980.00	691,584.00
	5	付	76#	转支	2015#	付广告费		78,000.00	613,584.00
	7	付	77#	现付	1018#	支取现金		5,000.00	608,584.00
	10	收	80#	转支	5001#	收回货款	100,000.00		708,584.00
	16	收	81#	特转	4832#	收到税款返还	20,000.00		728,584.00
	25	付	80#	汇票	3187#	购入设备		100,000.00	628,584.00
	28	收	90#	委收	8088#	收回货款	150,000.00		778,584.00
						本月合计	375,687.00	200,980.00	778,584.00

表1-2 银行存款对账单

2012年2月28日　　币种:人民币　　单位:元

网点号:0212[中国工商银行共和支行]

户　名:兴隆公司　　账号:987046147223115888　　上页余额:603 877

2012年		交易代码	凭证种类	凭证号	摘要	借方发生额	贷方发生额	余额	柜员号
月	日								
2	1		汇票	6088#	收款		105,687.00		193
2	2		转支	2014#	付货款	17,980.00			193
2	7		现付	1018#	支取现金	5,000.00			196
2	8		转支	4019#	付失业保险金	9,800.00			193
2	16		委收	8017#	收货款		17,000.00		195
2	25		汇票	3187#	付设备款	100,000.00			192
2	28		委收	8088#	收货款		150,000.00		194
							可用余额:743 784		

表1-3 银行存款余额调节表

年　月　日　　单位:元

项目	金额	项目	金额
企业银行存款日记账余额		银行对账单余额	
加:银行已收 企业未收金额		加:企业已收 银行未收金额	
减:银行已付 企业未付金额		减:企业已付 银行未付金额	
调节后的银行存款余额		调节后的银行存款余额	

Ⅱ.用正确的方法写出下列金额的大写

139 708.67　　10 087 625.03　　65 320.11

705 832.00　　972 000.09

Ⅲ.填写库存现金移交表

华泰公司2012年3月31日新上任的出纳王华与原出纳赵敏办理交接工作,主管会计董欣进行监督,盘点库存现金中8张100元,6张50元,10张20元,7张10元,9张5元,15张2元,30张1元,18张5角,4张2角,8张1角。

要求:根据上述资料填写库存现金移交表,见表1-4。

表1-4　库存现金移交表

币种:人民币　　　　移交日期　　年　　月　　日　　　　单位:元

币　别	数量(张)	移交金额	接交金额	备　注
合计				

单位领导人:黄云　　　移交人:　　　　监交人:　　　　接管人:

Ⅳ.编制货币资金收支业务会计分录

兴隆公司2012年4月份发生下列经济业务:

(1)4月1日银行承兑汇票800 000元到期,但由于资本周转原因,暂时无力偿还。

(2)4月16日发现3月和谐公司偿还的货款6 500元,在填制记账凭证时,将金额误记为5 600元,少记了900元。

(3)4月19日销售货物价值80 000元,增值税税额为13 600元,已收回货款并存入银行。

(4)4月25日提取备用金5 000元。

(5)4月28日还购材料欠款7 800元,以银行存款支付。

要求:根据上述资料编制会计分录。

Ⅴ.填制转账支票、银行进账单,编制会计分录

华泰公司2012年5月12日,向利民公司购买甲产品6 000台,单位售价140元,计价840 000元,增值税142 800元,全部款项共计982 800元,当即填写转账支票支付货款。

华泰公司开户行:建设银行里湾分行　　账号:4512378925

利民公司开户行:建设银行琅东分行　　账号:4517756893

要求:

(1)根据上述业务填制华泰公司转账支票(见表1-5)和会计分录。

(2)编制利民公司的银行进账单(见表1-6)。

表1-5　中国建设银行进账单(回单)

年　月　日

<table>
<tr><td rowspan="3">出票人</td><td>全　称</td><td></td><td rowspan="3">收款人</td><td>全　称</td><td colspan="11"></td></tr>
<tr><td>账　号</td><td></td><td>账　号</td><td colspan="11"></td></tr>
<tr><td>开户银行</td><td></td><td>开户银行</td><td colspan="11"></td></tr>
<tr><td rowspan="2">金额</td><td rowspan="2">人民币
(大写)</td><td rowspan="2" colspan="3"></td><td>亿</td><td>千</td><td>百</td><td>十</td><td>万</td><td>千</td><td>百</td><td>十</td><td>元</td><td>角</td><td>分</td></tr>
<tr><td></td><td></td><td></td><td></td><td></td><td></td><td></td><td></td><td></td><td></td><td></td></tr>
<tr><td colspan="2">票据种类</td><td></td><td>票据张数</td><td></td><td colspan="11" rowspan="3">开户银行签章</td></tr>
<tr><td colspan="2">票据号码</td><td></td><td colspan="2"></td></tr>
<tr><td colspan="5">复核　　记账</td></tr>
</table>

表1-6　中国建设银行转账支票　　　　**支票号码:643021**

<table>
<tr><td rowspan="4">转账支票存根
支票号码:643021

附加信息

出票日期
收款人:
金　额:
用　途:
单位主管　　会计</td><td rowspan="4">支票付款期限十天</td><td colspan="11">出票日期(大写)　　年　月　日　　开户行名称:
收款人:　　签发人账号:</td></tr>
<tr><td rowspan="2">人民币
(大写)</td><td>千</td><td>百</td><td>十</td><td>万</td><td>千</td><td>百</td><td>十</td><td>元</td><td>角</td><td>分</td></tr>
<tr><td></td><td></td><td></td><td></td><td></td><td></td><td></td><td></td><td></td><td></td></tr>
<tr><td colspan="11">用途
上列款项从我账户内支付。　　科目(借)
对方科目(贷)
转账日期　年　月　日

出票人盖章　　复核　　记账</td></tr>
</table>

Ⅵ. 错账更正

2012年5月31日,华泰公司出纳员李海在与银行对账单核对时发现以下几笔错账:

(1)5月25日,开出现金支票780元,购买办公用品。编制记账凭证为:

借:管理费用　　780

　　贷:库存现金　　780

(2)5月27日,开出转账支票1 780元,购买材料。编制记账凭证为:

借:原材料　　1 870

　　贷:银行存款　　1 870

(3)5月30日,张三预借差旅费3 650元,以现金支付。编制记账凭证为:

借:其他应收款——张三　　3 560

　　贷:库存现金　　3 560

要求：根据上述资料，区别错账性质，采用适当的方法给予更正。

Ⅶ. 现金清查盘点业务核算

2012 年 4 月 26 日，兴隆公司在定期的现金清查中，发现库存现金的实存数比账存数短缺，具体情况见表 1－7。2012 年 4 月 30 日，经核查，现金短款2 300元中，有 600 元是出纳陈宏工作疏忽造成的，应由出纳陈宏赔偿；有 1 500 元应由保险公司赔偿，其余 200 元属于无法查明的其他原因所致。按照规定程序报经主管人员批准，予以转账。

表 1－7　现金盘点报告表

单位名称：兴隆公司　　　　2012 年 4 月 26 日　　　　编号：

账存金额	实存金额	账存与实存对比		备　注
		盘盈	盘亏	
5 800	3 500		2 300	

盘点人员签章：潘华　　　　出纳人员签章：陈宏

要求：根据“现金盘点报告表”及审批意见，编制相关会计分录。

【参考答案】

一、单项选择题

1. A　2. C　3. C　4. D　5. B　6. D　7. C　8. D　9. B　10. A　11. B　12. A　13. D　14. D　15. A　16. B　17. C　18. B　19. D　20. D　21. D　22. B　23. B　24. C　25. C　26. A　27. B　28. C　29. D　30. C　31. B

二、多项选择题

1. ABCD　2. ABCD　3. AB　4. ABCD　5. BD　6. AC　7. AB　8. ABCD　9. AD　10. ABCD　11. ABCD　12. BD　13. ACD　14. CD　15. ABCD　16. ACD　17. ABCD　18. ABD　19. ABC

三、判断题

1. ×　2. ×　3. √　4. √　5. √　6. ×　7. √　8. ×　9. √　10. ×　11. √　12. ×　13. √　14. √　15. ×　16. ×　17. √　18. ×　19. ×　20. √　21. ×　22. √　23. √　24. √　25. ×　26. √　27. ×　28. √　29. ×　30. ×

四、岗位核算题

Ⅰ.编制银行余额调节表

表 1-8　银行余额调节表

单位:华泰公司　　2012 年 03 月 31 日　　单位:元

项　目	金　额	项　目	金　额
企业银行存款日记账	778 584	银行对账单余额	743 784
加:银行已收 企业未收	17 000	加:企业已收 银行未收	120 000
减:银行已付 企业未付	9 800	减:企业已付 银行未付	78 000
调节后的银行存款余额	785 784	调节后的银行存款余额	785 784

Ⅱ.(答案略)

Ⅲ.填写库存现金移交表

表 1-9　中国建设银行进账单(回单)

币种:人民币　　移交日期 2012 年 03 月 31 日　　单位:元

币　别	数量(张)	移交金额	接交金额	备　注
100	8	800	800	
50	6	300	300	
20	10	200	200	
10	7	70	70	
5	9	45	45	
2	15	30	30	
1	30	30	30	
0.5	18	9	9	
0.2	4	0.8	0.8	
0.1	8	0.8	0.8	
合　计		1 485.60	1 485.60	

单位领导人:黄云　　移交人:孙云　　监交人:孙莉　　接管人:陈景

Ⅳ.编制货币资金收支业务会计分录

(1)借:应付票据　800 000
　　贷:短期借款　800 000

(2)借:银行存款　900
　　贷:应收账款　900

(3)借:银行存款　93 600
　　贷:主营业务收入　80 000
　　　应交税费——应交增值税(进项税额)　13 600

(4)借:库存现金　　5 000
　　贷:银行存款　　5 000
(5)借:应付账款　　7 800
　　贷:银行存款　　7 800

Ⅴ.填制转账支票(见表1-10)、银行进账单(见表1-11)和会计分录

表1-10　中国建设银行转账支票　　　　**支票号码:643021**

<table>
<tr><td rowspan="4">转账支票存根
支票号码:643021

附加信息

出票日期:2012年5月12日
收款人:利民公司
金　额:¥982800.00
用　途:购买原材料
单位主管　　会计</td><td rowspan="4">支票付款期限十天</td><td colspan="11">出票日期贰零壹贰年零伍月壹拾贰日　开户行名称:建设银行琅东分行
收款人:利民公司　　签发人账号:4517756893</td></tr>
<tr><td rowspan="2">人民币
(大写)</td><td>千</td><td>百</td><td>十</td><td>万</td><td>千</td><td>百</td><td>十</td><td>元</td><td>角</td><td>分</td></tr>
<tr><td></td><td>¥</td><td>9</td><td>8</td><td>2</td><td>8</td><td>0</td><td>0</td><td>0</td><td>0</td></tr>
<tr><td colspan="11">用途购买材料　　科目(借)……………………
上列款项从我账户内支付。　对方科目(贷)……………………
转账日期　年　月　日
出票人盖章　　复核　　记账</td></tr>
</table>

表1-11　中国建设银行进账单(回单)

年　月　日

<table>
<tr><td rowspan="3">出票人</td><td>全　称</td><td>华泰公司</td><td rowspan="3">收款人</td><td>全　称</td><td colspan="11">利民公司</td></tr>
<tr><td>账　号</td><td>4512378925</td><td>账　号</td><td colspan="11">4517756893</td></tr>
<tr><td>开户银行</td><td>建设银行里湾分行</td><td>开户银行</td><td colspan="11">建设银行琅东分行</td></tr>
<tr><td rowspan="2">金额</td><td rowspan="2">人民币
(大写)</td><td colspan="3" rowspan="2">玖拾捌万贰仟捌佰元整</td><td>亿</td><td>千</td><td>百</td><td>十</td><td>万</td><td>千</td><td>百</td><td>十</td><td>元</td><td>角</td><td>分</td></tr>
<tr><td></td><td></td><td>¥</td><td>9</td><td>8</td><td>2</td><td>8</td><td>0</td><td>0</td><td>0</td><td>0</td></tr>
<tr><td colspan="2">票据种类</td><td>转账支票</td><td>票据张数</td><td>1</td><td colspan="11" rowspan="3">开户银行签章</td></tr>
<tr><td colspan="2">票据号码</td><td></td><td colspan="2"></td></tr>
<tr><td colspan="5">复核　　记账</td></tr>
</table>

华泰公司编制会计分录如下:
借:材料采购　　840 000
　应交税费——应交增值税(进项税额)　　142 800
　贷:银行存款　　982 800

Ⅵ.错账更正

(1)采用红字更正法
(2)采用红字更正法
(3)采用补充登记法

Ⅶ.现金清查盘点业务核算

(1)2012 年 4 月 26 日报批前的会计分录如下:

借:待处理财产损溢——待处理流动资产损溢　　2 300

　贷:库存现金　　2 300

(2)2012 年 4 月 29 日报批后的会计分录如下:

借:其他应收款——陈宏　　600

　　　　　　——保险公司　　1 500

　管理费用——现金短缺　　200

　贷:待处理财产损溢——待处理流动资产损溢　　2 300

岗位二 财产物资岗位会计实务

一、单项选择题

(一)存货

1. 在物价上涨的情况下,(　　)体现了“谨慎性原则”。

A. 先进先出法　　B. 后进先出法　　C. 加权平均法　　D. 移动平均法

2. 企业外购材料验收入库时发现的短缺和毁损,如属途中合理损耗,则(　　)。

A. 若未付款,应拒付货款

B. 若已付款,应向供应单位索赔

C. 应列入营业外支出

D. 相应提高入库材料的实际单位成本,不再另作账务处理

3. (　　)适用于容易识别、存货品种数量不多、单位成本较高的存货计价。

A. 先进先出法　　B. 计划成本法　　C. 个别计价法　　D. 加权成本法

4. 某企业采用毛利率法计算发出存货成本。该企业 2012 年 1 月实际毛利率为 30%,2 月初的存货成本为 16 万元,2 月份购入存货成本为 62 万元,销售收入为 95 万元。该企业 2 月末存货成本为(　　)元。

A. 66. 5 万　　B. 49. 5 万　　C. 28. 5 万　　D. 11. 5 万

5. 某工业企业为增值税一般纳税人,购入甲种原材料 1 000 吨,收到的增值税专用发票上注明售价为每吨 1 600 元,增值税税额为 272 000 元。另发生运输费用 6 000 元(可抵扣进项税 7%),装卸费用 2 000 元,途中保险费用 18 000 元。原材料运抵企业后,验收入库为 997 吨,运输途中发生合理损耗 3 吨。该原材料的入账价值为(　　)元。

A. 1 624 000　　B. 1 625 580　　C. 1 621 200　　D. 1 626 000

6. 企业因水灾盘亏一批材料 18 000 元。该批材料的进项税税额为 3 060 元,收到各种赔款 1 500 元,残料入库 200 元。报经批准后,应计入营业外支出的金额为(　　)元。

A. 19 360　　B. 16 300　　C. 20 860　　D. 19 560

7. A 企业将甲材料委托给 B 企业加工,拨付的甲材料的实际成本为 10 000 元,支付的运费为 900 元(可抵扣进项税 7%),支付给 B 企业加工费用 1 170 元(含准予扣除的增值税进项税税额 170 元)。加工完成后,材料收回作为原材料核算,则原材料入库的实际成本为(　　)元。

A. 12 070　　B. 11 900　　C. 11 837　　D. 11 170

8. 某工业企业 2012 年 2 月初库存原材料计划成本为 185 000 元,材料成本差异贷方余额为 10 000 元,2 月 12 日购入原材料的实际成本为 420 000 元,计划成本为 415 000 元。当月发出材料计划成本为 300 000 元。则 2 月末库存材料的实际成本为(　　)元。

A. 300 000　　B. 297 500　　C. 302 500　　D. 295 000

9. 以下不属于库存商品的有(　　)。

A. 外购商品　　B. 委托加工物资

C. 发出展览的商品　　D. 放在仓库里的商品

10. 企业出租包装物发生的摊销费用,应借记(　　)科目。

A. 营业外支出　　B. 销售费用　　C. 其他业务成本　　D. 其他应收款

11. 将期末存货的成本与可变现净值进行比较的方法有(　　)。

A. 单项比较法　　B. 分类比较法　　C. 总额比较法　　D. 直接转销法

12. 工业企业对于从一个车间直接转给另一个车间继续加工的自制半成品成本,应在(　　)科目中核算。

A. 原材料　　B. 自制半成品　　C. 产成品　　D. 生产成本

13. 某增值税一般纳税人企业因火灾毁损库存原材料一批,该批原材料实际成本为 15 000元,收回残料价值 800 元,保险公司赔偿 11 200 元,该企业购入材料的增值税税率为 17%。该批毁损原材料造成的非常损失净额是(　　)元。

A. 3 000　　B. 5 550　　C. 5 414　　D. 14 200

14. 某企业 2010 年 12 月 31 存货的账面余额为 30 000 元,预计可变现净值为 29 000 元。2011 年 12 月 31 日存货的账面余额仍为 30 000 元,预计可变现净值为 31 000 元。2011 年末应冲减的存货跌价准备为(　　)元。

A. 2 000　　B. 1 000　　C. 9 000　　D. 3 000

15. 编制资产负债表时,“存货跌价准备”科目的贷方余额应(　　)。

A. 在存货项下单独列示　　B. 计入存货

C. 列于流动负债类　　D. 计入管理费用

16. 以下说法正确的是(　　)。

A. 捐赠方提供了有关凭据的,以凭据上标明的金额作为实际成本

B. 捐赠方提供了有关凭据的,以凭据上标明的金额及相关税费作为实际成本

C. 捐赠方没有提供有关凭据的,按公允价格入账

D. 捐赠方没有提供有关凭据的,暂不入账

17. 存货按“成本与可变现净值孰低法”计价,是(　　)原则的运用。

A. 客观性　　B. 权责发生制　　C. 历史成本　　D. 谨慎性

18. 在采用计划成本计价核算的情况下,凡是已支付货款的,不论材料到达与否,都应计入(　　)账户的借方。

A. 在途物资　　B. 材料采购　　C. 预付账款　　D. 应付账款

19. 以下说法错误的是(　　)。

A. 车间管理部门耗用的材料,计入“制造费用”账户

B. 企业行政部门领用的材料，计入“制造费用”账户

C. 基建部门领用的材料，计入“在建工程”账户

D. 福利部门耗用的材料，计入“应付职工薪酬”账户

20. 某商场采用毛利率法对商品的发出和结存进行日常核算。2012 年 7 月，甲类商品期初库存余额为 20 万元。该商场 7 月购进甲类商品成本为 60 万元，本月销售收入为 92 万元，本月销售折让为 2 万元。6 月该类商品按扣除销售折让后计算的毛利率为 30%。假定不考虑相关税费，2012 年 7 月该类商品月末库存成本为（　　）万元。

A. 15.6　　B. 17　　C. 52.4　　D. 53

（二）固定资产

1. 甲公司为增值税一般纳税人，采用自营方式建造一条生产线，实际领用工程物资 234 万元。另外领用本公司所生产的应税消费品一批，账面价值为 200 万元，该产品适用的增值税税率为 17%，消费税税率为 10%，公允价值是 220 万元，计税价格为 210 万元；发生的在建工程人员工资和应付福利费分别为 100 万元和 14 万元。假定该生产线已达到预定可使用状态，不考虑除增值税、消费税以外的其他相关税费。则该生产线的入账价值为（　　）万元。

A. 607.4　　B. 604.7　　C. 602　　D. 587.7

2. 下列各项中，属于计提固定资产折旧时不需要考虑的因素是（　　）。

A. 实际支付的买价　　B. 实际净残值　　C. 预计使用年限　　D. 预计工作总量

3. 下列各项中，不需要考虑折旧年限的折旧方法是（　　）。

A. 平均年限法　　B. 工作量法　　C. 双倍余额递减法　　D. 年数总和法

4. 企业取得固定资产出售收入时，应贷记的科目是（　　）。

A. 固定资产　　B. 累计折旧　　C. 固定资产清理　　D. 营业外收入

5. 下列各项中，不计提折旧的固定资产是（　　）。

A. 闲置的房屋　　B. 融资租入的设备

C. 临时出租的设备　　D. 已全额计提减值准备的固定资产

6. 某企业为增值税一般纳税人，购入一台需要安装的生产设备，取得的增值税专用发票上注明的设备买价为 40 000 元，增值税税额为 6 800 元，支付的运输费为 1 000 元，设备安装时领用工程用材料价值 1 170 元，设备安装时支付有关人员工资 1 500 元。该固定资产的成本为（　　）元。

A. 43 500　　B. 43 600　　C. 43 670　　D. 50 470

7. 下列固定资产中，应计提折旧的固定资产有（　　）。

A. 季节性停用的固定资产　　B. 经营租赁方式租入的固定资产

C. 正在改扩建的固定资产　　D. 融资租出的固定资产

8. 下列项目中，不应计入固定资产入账价值的是（　　）。

A. 固定资产购入过程中发生的运杂费支出

B. 固定资产达到预定可使用状态前发生的借款利息（符合资本化条件）

C. 固定资产达到预定可使用状态后至竣工决算前发生的借款利息

D. 固定资产改良过程中领用原材料负担的消费税

9. 某设备的账面原价为50 000元,预计使用年限为4年,预计净残值率为4%,采用双倍余额递减法计提折旧,该设备在第3年应计提的折旧额是(　　)元。

A. 9 600　　B. 6 250　　C. 6 000　　D. 5 250

10. 某企业2010年9月30日自行建造的一条生产线投入使用,该生产线建造成本为740万元,预计使用年限为5年,预计净残值为20万元。在采用年数总和法计提折旧的情况下,2011年该设备应计提的折旧额为(　　)万元。

A. 180　　B. 192　　C. 240　　D. 228

11. 某企业对账面原值为1 000万元,累计折旧为600万元的一栋房屋进行处置。处置时发生相关处置费用5万元,取得处置收入800万元(按5%的税率缴纳营业税,其他税费不考虑)。该固定资产的处置净收益为(　　)万元。

A. 355　　B. 395　　C. 400　　D. 405

12. 某项固定资产的账面原价为80 000元,预计使用年限为5年,预计净残值为5 000元,按年数总和法计提折旧。若该项固定资产在使用的第3年年末,因技术陈旧等原因首次计提减值准备,金额为其账面价值的10%,则该项固定资产在第3年年末的账面价值为(　　)元。

A. 14 400　　B. 15 000　　C. 16 000　　D. 18 000

13. 企业作为一般纳税人购入需要安装的生产设备,支付的增值税进项税额应计入(　　)。

A. 固定资产　　B. 营业外支出　　C. 在建工程　　D. 应交税费

14. 固定资产改良过程中取得的变价收入应计入(　　)。

A. 营业外支出　　B. 在建工程　　C. 营业外收入　　D. 固定资产清理

15. 和平均年限法相比,采用年数总和法对固定资产计提折旧,将使(　　)。

A. 计提折旧的初期,企业利润减少,固定资产净值减少

B. 计提折旧的初期,企业利润减少,固定资产原值减少

C. 计提折旧的后期,企业利润减少,固定资产净值减少

D. 计提折旧的后期,企业利润减少,固定资产原值减少

16. 固定资产采用加速折旧法,会使企业加速期间(　　)。

A. 利润减少　　B. 利润增加　　C. 利润不受影响　　D. A或B

17. 对固定资产多提折旧,将使企业的资产负债表中的(　　)。

A. 资产减少　　B. 资产增加　　C. 负债增加　　D. 负债减少

18. 计提固定资产折旧时,可先不考虑固定资产残值的计算方法是(　　)。

A. 平均年限法　　B. 工作量法　　C. 双倍余额递减法　　D. 年数总和法

19. 下列各项中所发生的固定资产后续支出中,不能资本化的支出是(　　)。

A. 资产生产的产品质量提高

B. 资产的生产能力增大

C. 恢复或保持资产的原有性能标准,以确保未来经济效益的实现

D. 资产的估计使用年限延长

20. 对在建工程项目发生的净损失,如为非常损失造成的报废或毁损,应将其净损失计入当期(　　)。

A. 在建工程　　B. 固定资产　　C. 管理费用　　D. 营业外支出

21. 企业生产车间对固定资产发生的改良支出,应计入(　　)。

A. 管理费用　　B. 销售费用　　C. 制造费用　　D. 固定资产

22. 某大型生产线在达到预定可使用状态前进行的测试费用,应计入(　　)。

A. 固定资产　　B. 在建工程　　C. 管理费用　　D. 营业外支出

23. 某企业 2010 年 12 月 31 日购入一台设备交付使用,价值 630 000 元,采用年数总和法计提折旧,预计使用 4 年,预计净残值 30 000 元。该台设备 2012 年应计提折旧(　　)元。

A. 240 000　　B. 220 000　　C. 180 000　　D. 65 000

24. 某企业对原有仓库进行改建,账面原值为 6 000 万元,已提折旧 1 200 万元,改建过程中,发生各项支出共计 2 300 万元,变价收入 100 万元。则该企业改建后的仓库账面价值应为(　　)万元。

A. 7 000　　B. 7 100　　C. 8 200　　D. 8 400

25. 某公司有运输车一辆,原值为 2 000 000 元,预计使用 10 年,每年行驶里程 60 000 公里,净残值率为 5%,当月行驶里程为 4 000 公里,则该运输车当月的折旧额应为(　　)元。

A. 1 266. 67　　B. 1 333. 33　　C. 3 000　　D. 12 666. 67

26. 某企业购入一台不需要安装的设备,已交付使用,该设备的原始价值为 30 000 元,预计使用年限为 5 年,预计净残值 1 000 元,按双倍余额递减法计提折旧,第四年的折旧额应为(　　)元。

A. 2 592　　B. 2 740　　C. 3 240　　D. 3 312

27. 2011 年 6 月 28 日,某企业自行建造的一条生产线投入使用,该生产线建造成本为 370 万元,预计使用年限为 5 年,预计净残值为 10 万元。在采用年数总和法计提折旧的情况下,2011 年该设备应计提的折旧额为(　　)万元。

A. 60　　B. 70　　C. 74　　D. 120

28. 下列各项中,不应计入一般纳税人生产用固定资产入账价值的是(　　)。

A. 达到预定可使用状态以前的利息费用

B. 购置固定资产发生的运输费

C. 购置过程中固定资产的增值税

D. 改良过程中领用的材料

29. 某公司 2009 年 9 月初增加小轿车一辆,该项设备原值 88 000 元,预计可使用 8 年,净残值为 8 000 元,采用直线法计提折旧。至 2011 年末,对该项设备进行检查后,估计其可收回金额为 59 750 元,减值测试后,该固定资产的折旧方法、年限和净残值等均不变。则 2011 年应计提的固定资产折旧额为(　　)元。

A. 10 000　　B. 9 000　　C. 11 391. 3　　D. 8 250

30. 企业盘盈的固定资产,应在报告批准后,转入(　　)科目。

A. 其他业务收入　　B. 以前年度损益调整

C. 资本公积　　D. 营业外收入

(三)无形资产及其他资产

1. 下列各项目中,在确认无形资产时无需考虑的是(　　)。

A. 符合无形资产的定义

B. 无形资产的成本能够可靠地计量

C. 与该无形资产相关的预计未来经济利益很可能流入企业

D. 无形资产的使用寿命必须是有期限的

2. 关于无形资产,正确的表述是(　　)。

A. 没有实物形态的资产都是无形资产　　B. 无形资产不能用于企业的管理

C. 未来的经济利益具有高度的不确定性　　D. 有些无形资产是不可以辨认的

3. 下列无形项目中,一般不作为无形资产入账的是(　　)。

A. 专利权　　B. 商标权　　C. 非专利技术　　D. 商誉

4. 企业出租无形资产取得的收入应计入(　　)。

A. 主营业务收入　　B. 其他业务收入　　C. 投资收益　　D. 营业外收入

5. 决定无形资产摊销方法的因素是(　　)。

A. 无形资产使用寿命的长短　　B. 无形资产是否可以辨认

C. 企业消耗未来经济利益的方式　　D. 无形资产的取得方式

6. 企业摊销无形资产价值时,应贷记的科目是(　　)。

A. 无形资产　　B. 累计摊销　　C. 管理费用　　D. 其他业务成本

7. 企业出售无形资产发生的净损失,应计入(　　)。

A. 主营业务成本　　B. 其他业务成本　　C. 管理费用　　D. 营业外支出

8. 某公司2007年1月1日购入一项无形资产,该无形资产实际成本为700万元,采用平均年限法摊销,摊销年限为10年,无残值。2011年12月31日,该无形资产发生减值,预计可收回金额为280万元,计提减值准备后,该无形资产原摊销年限不变。2012年12月31日,该无形资产的账面余额为(　　)万元。

A. 350　　B. 294　　C. 280　　D. 224

9. A公司2012年3月1日开始自行开发成本管理软件,在研究阶段发生材料费用10万元,开发阶段发生开发人员工资100万元,福利费20万元,支付租金30万元。开发阶段的支出满足资本化条件。2012年3月16日,A公司自行成功开发了该成本管理软件,并依法申请了专利,支付注册费1万元,律师费2.5万元,A公司2012年3月20日为向社会展示其成本管理软件,特举办了大型宣传活动,支付费用50万元,则A公司无形资产的入账价值应为(　　)万元。

A. 213.5　　B. 3.5　　C. 153.5　　D. 163.5

10. 企业摊销自用的、使用寿命确定的无形资产时,借记“管理费用”科目,贷记(　　)科目。

A. 无形资产　　B. 累计摊销

C. 累计折旧　　D. 无形资产减值准备

11. 甲公司以200万元的价格对外转让一项无形资产。该项无形资产系甲公司以360万元的价格购入,购入时该无形资产预计使用年限为10年,法律规定的有效使用年限为12年。转让时该无形资产已使用5年,转让该无形资产应交的营业税税率为5%,假定不考虑其他相关税费,该无形资产已计提减值准备20万元。该无形资产按直线法摊销。则甲公司转让该无形资产所获得的净收益为(　　)万元。

A. 10　　B. 20　　C. 30　　D. 40

二、多项选择题

(一) 存货

1. 企业期末编制资产负债表时,下列各项应包括在"存货"项目中的是(　　)。

A. 委托代销商品　　B. 库存待消耗的存货

C. 已销售但购货方未提货的商品　　D. 约定未来购入的存货

E. 运输途中已收到结算凭证但尚未入库的存货

2. 下列项目中,应计入存货采购成本的是(　　)。

A. 购货价格

B. 企业收购未税矿产代扣代缴的资源税

C. 小规模纳税人购入存货支付的增值税进项税额

D. 进口关税

E. 一般纳税人购入存货支付的增值税进项税额

3. 下列各种物资中,应当作为企业存货核算的是(　　)。

A. 委托加工材料　　B. 分期收款发出商品

C. 工程物资　　D. 在产品

E. 低值易耗品

4. 企业的存货包括(　　)。

A. 发出存货　　C. 在途存货

B. 库存存货　　D. 加工中存货

E. 委托代销存货

5. 企业接受捐赠的存货的入账价值可按(　　)确定。

A. 捐赠方提供的凭证上注明的金额加上应支付的相关税费

B. 捐赠方企业存货的账面价值

C. 存货的重置成本

D. 捐赠方没有提供有关凭证的,参照同类和类似存货的市场价格估计的金额加上应支付的相关税费

6. 下列项目中,应计入材料采购成本的是(　　)。

A. 运输途中的合理损耗　　B. 存货储备保管费用

C. 购入存货运输途中的保险费用　　D. 采购人员的工资费用

E. 入库前的挑选整理费用

7.“材料成本差异”账户贷方可以用来登记(   )。

A. 发出材料应负担的节约差异　　B. 购进材料实际成本大于计划成本的差额

C. 发出材料应负担的超支差异　　D. 购进材料实际成本小于计划成本的差额

8. 企业发出包装物的成本,按其用途不同分别进行结转时,对应的科目可能有(   )。

A.“销售费用”科目的借方　　B.“生产成本”科目的借方

C.“其他业务成本”科目的借方　　D.“管理费用”科目的借方

E.“制造费用”科目的借方

9. 在售价金额核算法下,下列说法正确的有(   )。

A.“商品进销差价”核算商品售价与商品进价的差额

B.“商品进销差价”包括了商品的销项税额和商品毛利

C. 月末调整按售价记录的“主营业务成本”,计算出已销商品的含税进销差价,借记“商品进销差价”

D.“商品进销差价”的余额一般在贷方,表示商品含税售价高于商品进价的差额

10. 下列各项中,属于企业包装物核算范围的有(   )。

A. 随同产品出售而不单独计价的包装物　　B. 随同产品出售单独计价的包装物

C. 借入的包装物　　D. 出租或出借给购买单位的包装物

E. 用于包装产品,作为产品组成部分的包装物

11. 出租、出借包装物的收入包括(   )。

A. 租金收入　　B. 没收的押金收入

C. 由借入方退回的包装物　　D. 出租包装物收到的押金

E. 出借包装物收到的押金

12. 企业进行存货清查时,对于盘亏的材料,首先记入“待处理财产损溢”,报经批准后,根据不同的原因可分别转入(   )。

A. 销售费用　　B. 管理费用

C. 其他应收款　　D. 营业外支出

E. 原材料

13. 计算存货可变现净值时,应从预计售价中扣除的项目有(   )。

A. 存货的账面成本　　B. 出售前发生的行政管理人员的工资

C. 销售过程中发生的销售费用　　D. 一般纳税人企业销售时发生的增值税

E. 出售前进一步加工的加工费用

14. 下列各项中,应当计提存货跌价准备的有(   )。

A. 市价持续下跌,并且在可预见的未来无回升的希望

B. 企业使用该项原材料生产的产品的成本大于产品的销售价格

C. 企业因产品更新换代,原有库存原材料已不适应新产品的需要,而该原材料的市场价格又低于其账面成本

D. 因企业所提供的商品或劳务过时或消费者偏好改变而使市场的需求发生变化,导致市场价格逐渐下跌

15. 企业在确定存货的可变现净值时，应考虑的因素有（ ）。

A. 企业持有存货的目的 B. 取得的"可靠证据"，如产品的市场销售价格等

C. 存货的账面价值 D. 资产负债表日后事项的影响

E. 是否有合同约定

16. 下列存货中应将存货账面价值全部转入当期损益的有（ ）。

A. 过期无转让价值的存货 B. 其他没有使用价值和转让价值的存货

C. 市价波动频繁的存货 D. 已霉烂变质的存货

E. 生产中已不需要，且已无使用价值和转让价值的存货

17. 资产负债表中"存货"项目包括的内容有（ ）。

A. 委托代销商品 B. 周转材料 C. 生产成本

D. 存货跌价准备 E. 在途物资

18. 以下说法错误的是（ ）。

A. 存货是实物资产 B. 存货具有较强的流动性

C. 存货具有时效性 D. 存货不会发生潜在损失的可能性

19. 以下说法正确的是（ ）。

A. 存货清查的主要方法是实地盘点法

B. 清查结束后应及时填写"盘存单"，再根据盘存单与存货账簿记录填制"账存实货对比表"，确定盘盈、盘亏情况，进行相关账务处理

C. 清查的结果一般是账实不符的

D. 企业必须对存货进行定期的清查，次数越多越好

E. 有些存货还要通过物理或化学的方法来检验其质量是否合格、变质等

（二）固定资产

1. 购入的固定资产，其入账价值包括（ ）。

A. 买价 B. 运杂费 C. 途中保险费 D. 进口关税 E. 安装成本

2. 下列固定资产中应计提折旧的有（ ）。

A. 季节性停用的机器设备 B. 大修理停用的机器设备

C. 未使用的机器设备 D. 融资租入的固定资产

3. 下列不能在"固定资产"账户核算的有（ ）。

A. 购入正在安装的设备 B. 购入的不需安装的设备

C. 融资租入的不需安装的设备 D. 经营性租入的设备

4. 采用"计提折旧基数×折旧率"方式计算折旧额，固定不变的有（ ）。

A. 平均年限法 B. 工作量法 C. 双倍余额递减法

D. 年数总和法 E. 加速折旧法

5. 下列各项中，应增加固定资产净值的有固定资产的（ ）。

A. 日常修理费支出 B. 大修理费支出 C. 扩建支出

D. 安装费支出 E. 改良支出

6. 下列各项中,属于固定资产清理核算内容的有( )。

A. 出售　　B. 报废　　C. 盘盈　　D. 盘亏　　E. 减值

7. 下列各项中,应记入"在建工程"科目的有( )。

A. 购入不需安装的固定资产支付的价款

B. 购入需要安装的固定资产支付的价款

C. 固定资产的改扩建支出

D. 不应计入固定资产账面价值的后续支出

E. 工程项目领用工程物资

8. "固定资产清理"账户贷方登记的项目有( )。

A. 转入清理的固定资产净值　　B. 变价收入

C. 结转的清理净收益　　D. 结转的清理净损失

E. 应交的营业税

9. 下列固定资产应计提减值准备的有( )。

A. 固定资产的市价当期大幅度下跌,其跌幅明显高于因时间的推移或者正常使用而预计的下跌

B. 企业经营所处的经济、技术或者法律等环境以及固定资产所处的市场在当期或者将在近期发生重大变化,从而对企业产生不利影响

C. 市场利率或者其他市场投资报酬率在当期已经提高,从而影响企业计算固定资产预计未来现金流量现值的折现率,导致固定资产可收回金额大幅度降低

D. 固定资产已经或者将被闲置、终止使用或者计划提前处置

E. 企业内部报告的证据表明固定资产的经济绩效已经低于或者将低于预期

10. 确定固定资产处置损益时,应考虑的因素有( )。

A. 累计折旧　　B. 营业税　　C. 固定资产原值

D. 清理时发生的人工费用　　E. 保险赔偿

11. 下列项目中,在采用自营方式建造固定资产的情况下,应计入固定资产取得成本的有( )。

A. 工程人员的工资

B. 工程领用本企业存货

C. 工程领用本企业商品涉及的增值税销项税额

D. 生产车间为工程提供的水、电等费用

E. 企业行政管理部门为组织和管理生产经营活动而发生的费用

12. 对发生的固定资产各项后续支出,正确的处理方法有( )。

A. 固定资产的日常修理费用,应当直接计入当期费用

B. 固定资产的改良支出,应当计入固定资产账面价值,其增计后的金额不应超过固定资产的可收回金额

C. 固定资产的扩建支出,应当计入固定资产账面价值,其增计后的金额不应超过固定资产的可收回金额

D. 固定资产的装修费用,在下次装修时,账面上若还有余额,应结转至下次装修时一并计提折旧

13. 下列各项中,会引起固定资产账面价值发生变化的有( )。

A. 计提固定资产减值准备　　B. 计提固定资产折旧

C. 固定资产改扩建　　D. 固定资产小修理

14. 当存在下列( )情况之一时,应当按照该项固定资产的账面价值全额计提固定资产减值准备。

A. 长期闲置不用,在可预见的未来不会再使用,且已无转让价值的固定资产

B. 由于技术进步等原因,已不可使用的固定资产

C. 虽然固定资产尚可使用,但使用后产生大量不合格品的固定资产

D. 已遭毁损,以至于不再具有使用价值和转让价值的固定资产

15. 下列各项,应通过"固定资产清理"科目核算的有( )。

A. 盘亏的固定资产　　B. 出售的固定资产

C. 报废的固定资产　　D. 毁损的固定资产

(三)无形资产及其他资产

1. 下列各项中,属于无形资产特点的有( )。

A. 无实体性　　B. 长期性　　C. 不确定性　　D. 可辨认性　　E. 实体性

2. 对于企业自行研发的无形资产,下列说法正确的有( )。

A. 企业研究阶段发生的支出,应予以费用化,借记"研发支出——费用化支出"科目

B. 企业研究阶段发生的支出,应予以资本化,借记"研发支出——资本化支出"科目

C. 企业开发阶段发生的支出,应予以资本化,借记"研发支出——资本化支出"科目

D. 企业开发阶段发生的支出,应予以费用化,借记"研发支出——费用化支出"科目

E. 无法区分研究阶段支出和开发阶段支出的,应当将其所发生的研发支出全部费用化

3. 关于无形资产的摊销,下列说法中正确的有( )。

A. 无形资产应当自取得月份的下月起在预计使用年限内分期平均摊销

B. 合同规定受益年限但法律未规定有效年限的,摊销年限不应超过合同规定的受益年限

C. 合同未规定受益年限但法律规定有效年限的,摊销年限不应超过法律规定的有效年限

D. 合同规定了受益年限,法律也规定了有效年限,摊销年限以受益年限与有效年限中较短者为上限

E. 使用寿命不确定的无形资产不应摊销

4. 下列有关无形资产转让的会计处理中,正确的有( )。

A. 转让无形资产使用权所取得的收入应计入营业外收入

B. 转让无形资产所有权所取得的收入应计入其他业务收入

C. 转让无形资产使用权取得的收入应计入其他业务收入

D. 转让无形资产所有权取得的收入应计入营业外收入

E. 转让无形资产所有权、使用权取得的收入均要缴纳营业税

5. 对于接受捐赠的无形资产的入账价值，下列说法中正确的有（　　）。

A. 捐赠方提供了有关凭据的，按凭据上标明的金额加上应支付的相关税费，作为实际成本

B. 捐赠方没有提供有关凭据的，同类或类似无形资产存在活跃市场的，按同类或类似无形资产的市场价格估计的金额，加上应支付的相关税费，作为实际成本

C. 捐赠方没有提供有关凭据的，同类或类似无形资产不存在活跃市场的，按该接受捐赠的无形资产的预计未来现金流量的现值，作为实际成本

D. 企业无须进行账务处理，只需作备查记录

E. 企业接受无形资产捐赠时，应根据确定的价值，借记"无形资产"科目，贷记"营业外收入"科目

6. 下列有关无形资产的后续计量中，说法不正确的是（　　）。

A. 使用寿命不确定的无形资产，其应摊销的金额应该按照10年进行摊销

B. 无形资产的摊销方法必须采用直线法进行摊销

C. 使用寿命不确定的无形资产应该按照系统合理的方法摊销

D. 企业无形资产的摊销方法应当反映与该项无形资产有关的经济利益的预期实现方式

三、判断题

（一）存货

1. 盘盈的存货，按规定手续报经批准后，可冲减营业外支出。（　　）

2. 投资者投入存货的成本按投资各方确认的价值确定。（　　）

3. 会计实务中，商业企业的商品应以其买价加上应付税金及进货运费作为商品入库成本。（　　）

4. 根据可比性原则，企业应当对原材料采用统一的计价方法。（　　）

5. 企业购进材料发生的短缺在减去过失人或者保险公司等赔款和残料价值之后，计入当期管理费用。（　　）

6. 购入材料在运输途中发生的合理损耗不需要单独进行账务处理。（　　）

7. 一般纳税人企业购进原材料时，可以按支付的外地运费的一定比例计算增值税进项税额，该进项税额应计入购进材料的采购成本中。（　　）

8. 存货以计划成本计价核算的情况下，各月份内所发生的因非正常耗用而减少的存货，如委托加工、盘点短缺等，均应根据该项减少存货的计划价格和存货成本差异率计算确定其应负担的存货成本差异，并按其成本记入有关账户。（　　）

9. 企业发出各种材料应负担的成本差异，可按当月的成本差异率计算，也可按上月月末的成本差异率计算。（　　）

10. 用于展出或委托代销的商品，均不属于企业的存货。（　　）

11. 商品流通企业在采购商品时，如果发生的进货费用金额较小，可以将该费用在发生

时直接计入当期损益。 ( )

12. 无论企业对存货采用实际成本核算还是采用计划成本核算,在编制资产负债表时,资产负债表上的存货项目反映的都是存货的实际成本。 ( )

13. 企业采用计划成本进行材料日常核算时,月末分摊材料成本差异时,无论是节约还是超支,均记入"材料成本差异"科目的贷方。 ( )

14. 存货毁损中属于非正常损失部分的,应按该存货的实际成本计入营业外支出。 ( )

15. 存货的成本与可变现净值孰低法,从存货的整个周转过程来看,只起着调节不同会计期间利润的作用,并不会使利润总额减少。 ( )

16. 采用成本与可变现净值孰低法对存货计价,符合谨慎性原则。 ( )

17. 在物价持续下跌的情况下,企业采用先进先出法计量发出存货的成本,当月发出存货单位成本小于月末结存存货的单位成本。 ( )

18. 计提跌价准备的存货价值得以恢复的,应当冲减存货跌价准备,调整至该存货的可变现净值。 ( )

19. 存货跌价准备应当按照单个存货项目计提,在一定情况下,也可以合并计提。 ( )

(二)固定资产

1. 未使用固定资产是指不适合本企业需要,准备出售处理的各种固定资产。 ( )

2. 当预计弃置一项固定资产将发生大额的弃置费用时,应当将该弃置费用的现值计入固定资产的原始价值。 ( )

3. "累计折旧"科目可以不设置明细账。 ( )

4. 企业尚未办理竣工决算的固定资产交付使用时,应根据估计的固定资产原值借记"固定资产"科目,贷记"在建工程"科目。 ( )

5. 采用加速折旧法计提折旧时,不用考虑固定资产应计提的折旧总额。 ( )

6. 企业对因更新改造、大修理而停止使用的固定资产应当照提折旧。 ( )

7. 不论采用何种方法计提折旧,固定资产使用期满时,其账面净值均应为预计净残值。 ( )

8. 固定资产使用期满时,如果账面净值大于预计净残值,意味着使用期内多提了折旧。 ( )

9. 对于固定资产专门借款发生的利息支出,不论建造活动是否开始,均应在发生时计入固定资产的建造成本。 ( )

10. 固定资产提足折旧后,不论能否继续使用,均不再计提折旧;提前报废的固定资产,也不再补提折旧。 ( )

11. 企业应当对所有固定资产计提折旧。 ( )

12. 工作量法计提折旧的特点是每年提取的折旧额相等。 ( )

13. 按照新准则的规定,对于计提的固定资产减值准备,在以后期间价值恢复时,不转回任何原已计提的减值准备金额。 ( )

14. 企业一般应当按月提取折旧,当月增加的固定资产,当月计提折旧;当月减少的固定资产,当月不提折旧。 ( )

15. 正常报废和非常报废的固定资产均应通过“固定资产清理”科目予以核算。(　)

16. 已经达到预定可使用状态的固定资产,无论是否交付使用,尚未办理竣工结算的,应当按照估计价值确认为固定资产,并计提折旧;待办理了竣工决算手续后,再按实际成本调整原来的暂估价值,并需要调整原已计提的折旧额。(　)

(三)无形资产及其他资产

1. 无形资产既包括可辨认的,也包括不可辨认的。(　)
2. 无形资产有的有期限,有的没有期限。(　)
3. 使用寿命有限的无形资产也可能有残值。(　)
4. 无形资产能使企业获得高于一般盈利水平的额外经济利益。(　)
5. 非专利技术与专利权技术相同,都是可以辨认的。(　)
6. 企业只有在经济利益可以确定的情况下,才能考虑无形资产的确认问题。(　)
7. 在我国,研究与开发费用应在成功申请专利后转入无形资产的价值。(　)
8. 企业自创的商誉如果数额很大,可以单独计价入账。(　)
9. 无形资产都应进行摊销,以正确确定企业损益。(　)
10. 我国无形资产的摊销方法选择取决于其使用寿命的长短。(　)
11. 计提无形资产减值准备不影响无形资产的摊销。(　)
12. 研发支出都应资本化计入无形资产的价值。(　)
13. 摊销无形资产时直接冲减无形资产的账面价值。(　)
14. 长期待摊费用作为长期资产也可以转让。(　)

四、岗位核算题

(一)存货的核算

Ⅰ. 原材料购进、领用的核算

江明公司为增值税一般纳税人,2012 年 3 月 1 日结存 A 材料 2000 千克,单位成本 50 元/千克。3 月份 A 材料的收发业务如下:

1. 8 日,从外地购入 A 材料 10 000 千克,价款 471 200 元,增值税税额 80 104 元,运杂费 4 200 元,其中运费可予以抵扣的进项税额为 200 元。A 材料验收入库时实收 9 900 千克,短缺 100 千克属定额内合理损耗。

2. 10 日,生产领用 A 材料 5 600 千克。

3. 15 日,在本市购入 A 材料 6 000 千克,价款 291 000 元,增值税税额 49 470 元,材料已验收入库。

4. 15 日,生产领用 A 材料 200 千克。

5. 23 日,从外地某公司购入 A、B 两种材料,其中 A 材料 5 000 千克,单价 45. 70 元/千克,价款:228 500 元;B 材料 5 000 千克,单价 100 元/千克,价款 50 万元,两种材料的增值税 123 845 元。另外,两种材料的运杂费共为 3 120 元,其中运费可予以抵扣的进项税为 120 元,两种材料已验收入库,运杂费按材料的重量分配。

6. 27 日，生产领用 A 材料 8 000 千克。

要求：

1. 请计算各批购入 A 材料的实际总成本和单位成本。

2. 请分别按先进先出法、加权平均法计算 3 月份发出的 A 材料的实际成本和月末结存成本。

Ⅱ. 材料按实际成本计价核算

江明公司为一般纳税人，材料按实际成本计价核算。该公司 2012 年 7 月份发生经济业务如下：

1. 1 日，将上月末已收料尚未付款的暂估入账材料用红字冲回，金额为 15 万元。

2. 5 日，上月已付款的在途 A 材料已验收入库，A 材料成本为 10 万元。

3. 8 日，向甲企业购入 A 材料，买价 20 万元，增值税 34 000 元，该企业已代垫运费 3 000 元（准予扣除进项税 210 元）。企业签发并承兑一张票面金额为 237 000 元、2 个月期的商业汇票结算材料款项，材料已验收入库。

4. 9 日，按照合同规定，向乙企业预付购料款 16 万元，已开出转账支票支付。

5. 11 日，向丙企业采购 B 材料，材料买价为 60 万元，增值税为 10 200 元，款项 70 200 元用银行本票存款支付，材料已验收入库。

6. 12 日，向丁企业采购 A 材料 2 000 千克，买价为 24 万元，增值税税额为 40 800 元，该企业已代垫运杂费 4 000 元（其中 2 000 元为运费，准予扣除进项税额为 140 元）。货款共 284 800 元已通过托收承付结算方式支付，材料尚未收到。

7. 20 日，向丁企业购买的 A 材料运达，验收入库 1 900 千克，短缺 100 千克，原因待查。

8. 25 日，用预付货款方式向乙企业采购的 B 材料已验收入库，有关的发票单据列明材料价款 140 000 元，增值税税额 238 000 元，即开出一张转账支票补付货款 3 800 元。

9. 28 日，A 材料短缺 100 千克的原因已查明，是丁企业少发货所致，丁企业已同意退款，但款项尚未收到。

10. 30 日，向甲企业购买 A 材料，材料已验收入库，结算单据等仍未到达，按暂估价 12 万元入账。

11. 31 日，根据发料凭证汇总表，本月基本生产车间领用原材料 846 000 元，车间一般性消耗领用 161 000 元，厂部管理部门领用 157 200 元，在建工程领用 104 600 元。

要求：请根据以上经济业务编制有关会计分录。

Ⅲ. 原材料按计划成本计价核算

江明公司为增值税一般纳税人，材料按计划成本计价核算。该公司 2012 年 4 初“原材料”账户借方余额为 27 万元，“材料成本差异”账户借方余额为 23 922. 80 元。4 份发生如下经济业务：

1. 4 日，上月甲企业发来的在途 A 材料已到达并验收入库，该批材料实际成本 150 800 元，计划成本 155 400 元。

2. 10 日，向乙企业采购 A 材料，价款 22 万元，增值税税额 37 400 元，运杂费 3 200 元（其中运费 2 000 元），货款 260 600 元已用银行存款支付，材料已验收入库，计划成本为 22 万元。

3. 12 日，向甲企业购入 A 材料，价款 30 万元，增值税 51 000 元，该企业已代垫运杂费 4 000元（其中运费 2 600 元）。企业签发并承兑一张票面价值为 355 000 元、一个月到期的商业汇票结算材料款项，该批材料已验收入库，计划成本为 32 万元。

4. 15 日，向丙企业采购 B 材料 48 000 千克，价款为 30 万元，增值税税额为 51 000 元，该企业已代垫运杂费 4 800 元（其中运费 2 800 元）。货款共 355 800 元已用银行存款支付，材料尚未收到。

5. 25 日，向丙企业购买的 B 材料已运达，实际验收入库 7 860 千克，短缺 140 千克属于定额内合理损耗。B 材料计划单位成本为 38 元/千克。

6. 26 日，按照合同规定，向丁企业预付购料款 10 万元，已开出转账支票支付。

7. 28 日，向丙企业购买 B 材料，价款 20 万元，增值税税额 34 000 元，该企业代垫运杂 3 600元（其中运费 2 000 元），货款共 237 600 元，用银行汇票支付，材料尚未收到。

8. 30 日，向乙企业采购 A 材料，发票账单等已收到，材料价款为 12 万元，增值税税额 20 400元，运杂费为 1 800 元（其中运费 1 200 元）。材料已验收入库，计划成本为 12 万元，货款未支付。

9. 30 日，根据发料凭证汇总表，本月领用材料的计划成本为 1 076 000 元，其中生产领用 792 000 元，车间管理部门领用 90 万元，厂部管理部门领用 134 000 元，在建工程领用6 万元。

要求：

1. 根据以上经济业务编制会计分录。

2. 计算 7 月份的材料成本差异率并分摊差异。

Ⅳ. 低值易耗品的核算

昌河公司为增值税小规模纳税人，低值易耗品按计划成本计价核算，并按上月的成本差异率计算分摊发出材料的差异。该企业 2012 年 5 月份低值易耗品的成本差异率为 -2%，6 月份发生经济业务如下：

1. 6 日，从外地某企业购进低值易耗品一批，取得的增值税专用发票上注明买价 6 万元，增值税税额为 10 200 元，对方代垫运杂费 1 600 元，货款共 71 800 元，已用银行存款支付。该批低值易耗品已验收入库，计划成本为 73 000 元。

2. 12 日，上月已付款的在途低值易耗品已运达并验收入库，其实际成本为 12 万元，计划成本为 116 600 元。

3. 15 日，基本生产车间领用低值易耗品一批，计划成本 7 600 元，一次摊销其价值。

4. 16 日，厂部管理部门领用低值易耗品一批，计划成本 108 000 元，预计按 18 个月摊销价值。

5. 28 日，基本生产车间报废低值易耗品一批，残料作价 200 元入账。

要求：

1. 根据以上经济业务编制有关会计分录。

2. 假定昌河公司为增值税一般纳税人，其他条件不变，请编制相关会计分录。

Ⅴ. 包装物按实际成本计价核算

兴隆公司为增值税一般纳税人，生产和销售的产品均为非应税消费品。包装物按实际成本计价核算。该企业 2012 年 4 月份发生经济业务如下：

1. 2 日，向甲企业购入包装物一批，买价 80 000 元，增值税税额 13 600 元，款项 936 000 元已用银行款支付，包装物已验收入库。

2. 4 日，向乙企业购入包装物一批，买价 100 000 元，增值税税额 11 700 元，款项 117 000 元已用银行存款支付，包装物尚未到达企业。

3. 7 日，基本生产车间在生产过程中领用包装物一批，实际成本 17 000 元。

4. 11 日，销售部门为销售产品领用包装物一批，实际成本 4 600 元，该批包装物随同产品出售而不单独计价。

5. 15 日，销售部门为销售产品领用包装物一批，实际成本 8 000 元，该批包装物随同产品出售，单独计算售价为 1 万元，增值税销项税额为 1 700 元，款项 11 700 元已收存银行。

6. 18 日，租给丁企业某包装物(新的)200 个，每个实际成本 30 元，出租期限为 1 个月，租金为每个 10 元，押金 7 000 元已收存银行。该包装物采用一次摊销法摊销。

7. 25 日，以前借给丙企业的某包装物到期收回，原出借 20 个，现收回 16 个，没收押金 1 700元，其中增值税 247 元，退回押金余额 6 800 元(原押金 8 500 元)。

8. 26 日，以前租给企业的某包装物到期收回，原出租 160 个，现收回 150 个。原收取押金 5 600 元，现抵扣租金 1 600 元和按规定应交的增值税 272 元，同时，没收押金 350 元，其中增值税税额 50. 86 元，退回押金余额 3 378 元。

9. 27 日，丁企业退回的包装物中有 20 个报废，收回残料作价 100 元。

要求：请根据以上经济业务编制有关会计分录。

Ⅵ. 委托加工业务的核算

兴隆公司为增值税一般纳税人，委托乙企业将 A 材料加工成 B 材料，B 材料属应税消费品，加工收回后用于连续生产应税消费品。该企业材料采用计划成本计价核算。2012 年 4 月份发生如下经济业务：

1. 5 日，发出 A 材料计划成本 24 万元，当月材料成本差异率为 -1%。

2. 15 日，用银行存款支付加工费、运杂费、税金等共 65 100 元，其中增值税税额 510 元，消费税 26 000 元。

3. 20 日，B 材料加工完毕验收入库，计划成本 272 400 元。

要求：根据以上经济业务编制有关会计分录。

Ⅶ. 售价金额的核算

昌河公司为增值税一般纳税人，对商品收发采用售价金额核算法。平时按含税零售价核算商品的销售收入及结转商品的销售成本，月终集中进行价税分解和已销商品分摊进销差价的账务处理。2012 年 3 月份发生如下经济业务：

1. 3 日，向外地某厂家购进商品一批，买价为 600 000 元，增值税税额为 102 000 元，运杂费 4 600 元(其中可抵扣进项税额为 182 元)。款项共 706 600 元已用银行存款支付。商品已验收入库，该批商品的含税售价为 898 000 元。

2. 5 日，上月已付款的在途商品已运达并验收入库，该批商品的实际进价为 170 000 元，含税售价为 220 000 元。

3. 10 日，销售商品取得收入 197 400 元(含税)，款项已送存银行，同时，按含税收入结转商品销售成本。

4. 30 日，假定全月商品销售收入(含税)为 7 301 970 元，企业适用的增值税税率为 17%，月末进行价税分离。

5. 30 日，假定"库存商品"账户月末余额为 492 030 元，"商品进销差价"账户月末贷方余额为 2 338 200 元(分摊前)。月末，对本月已销商品分摊进销差价。

要求：

1. 根据以上经济业务编制会计分录。

2. 计算本月商品销售毛利。

Ⅷ. 存货跌价准备的核算

江明公司采用备抵法核算存货跌价损失。某材料存货的有关资料如下：

1. 2010 年初，"存货跌价准备"账户为贷方余额 8 420 元，2010 年末存货成本为 1 726 000 元，可变现净值为 1 714 440 元。

2. 2011 年末，存货成本为 1 258 000 元，可变现净值为 1 248 080 元。

3. 2012 年 7 月，处理一批生产中已不再需要，且已无使用价值和转让价值的材料，其账面余额为 24 000 元。2012 年末，存货成本为 1 473 000 元，可变现净值为 1 468 340 元。

要求：计算各年应提取的存货跌价准备并编制相应的会计分录。

Ⅸ. 存货清查的核算

某企业是一般纳税人，2011 年 12 月在存货清查中发生下列经济业务：

(1)15 日，A 种原材料盘盈 250 公斤，每公斤成本为 16 元，盘盈原因待查。

(2)15 日，B 种原材料盘亏 550 公斤，每公斤成本为 10 元；C 种原材料盘亏 700 公斤，每公斤成本为 5 元。

(3)上述 A 材料盘盈，经查系发料差错所致，31 日报批准后冲减当期管理费用。

(4)上述 B 材料盘亏，经查是意外自然灾害所致，可收回残料 500 元；C 材料盘亏，经查是经营管理不善造成，追究责任，由过失人承担 30%。31 日报经批准后，同意按上述原因进行账务处理。

要求：根据以上经济业务编制有关会计分录。

(二)固定资产的核算

Ⅰ. 固定资产增加业务的核算

兴隆公司 2012 年发生以下固定资产增加业务：

1. 公司购进不需要安装设备一台，货款 5 万元，增值税 8 500 元，运费 2 000 元，价税款以及运费以银行存款支付，设备交付第一生产车间使用。

2. 公司购入小轿车一辆，买价 20 万元，增值税 34 000 元，开出商业承兑汇票一张，期限 3 个月，小轿车交付使用。

3. 公司购入需要安装设备一台，买价 8 万元，可抵扣增值税 13 600 元，运杂费 3 000 元，保险费 1 000 元，均以银行存款支付。该项设备在安装过程中领用工程材料 2 500 元，发生人工费用 800 元，一个月后设备安装完工交付第二生产车间使用。

4. 公司收到投资单位投资转入房屋一栋，重置完全价值为600万元，经评估确认价值为500万元，房屋收妥并交付使用。

要求：根据上述经济业务编制相关会计分录。

Ⅱ. 固定资产更新改造的核算

兴隆公司2012年发生以下设备技术改造业务：

1. 5月10日，公司对基本生产车间一台设备进行技术改造，该设备原值90万元，累计折旧30万，交付辅助生产车间进行改造。

2. 5月18日，技术改造中发生拆除费用2 000元，以银行存款支付。

3. 5月20日，技术改造中领用工程物资4 500元，发生人工费用1 800元。

4. 5月26日，改建过程中取得残值收入1 600元存入银行。

5. 6月10日，领用库存材料，该材料价1万元，其增值税进项税额为1 700元。

6. 6月30日，月末结转应由技术改造工程负担的辅助生产车间劳务费用5 000元。

7. 6月30日，工程完工交付使用，结转工程成本。

要求：根据上述经济业务编制有关会计分录。

Ⅲ. 固定资产折旧额的计算

江明公司拥有一台机器设备，原价400 000元，预计使用年限为5年，预计残值2 000元。

要求：分别采用年数总和法、双倍余额递减法计算出每年应计提折旧额（列表计算），并做第一年的账务处理。

年　份	期初账面折余价值	年折旧率	年折旧额	累计折旧额	期末账面折余价值
1					
2					
3					
4					
5					

Ⅳ. 固定资产变卖的核算

2011年12月5日，甲公司将一座建筑物对外出售，原价350 000元，已经提取折旧170 000元，已计提减值准备20 000元；实际出售价格为250 000元，已通过银行存款收回价款，出售时，发生各种清理费用3 000元，已用银行存款支付。应交纳营业税的税率为5%。

要求：根据以上资料，编制有关会计分录。

（三）无形资产及其他资产

Ⅰ. 无形资产增加的核算

华泰公司2011年12月份发生的有关无形资产的业务如下：

1. 5日购入一项专利权，支付专利权转让费及有关手续费共计50 000元，以银行存款支付。

2. 10日，公司因生产需要，组织研究人员在一项技术研发过程中发生材料费89 000元，应付研发人员薪酬54 000元，支付设备租金5 000元。根据《会计准则》的规定，上述各项支出应予以资本化的部分是121 000元，应予以费用化的部分是27 000元。

3. 12 日,为开发市场的需要,购入昌和公司服装商标使用权,一次性支付款项 180 万元,使用期限 4 年,已办妥各种手续。

4. 18 日,公司接受江明公司以土地使用权作价向本公司进行投资。经专业评估师评土地使用权的价值为 860 万元,折换成公司每股面值为 1 元的普通股股票 430 万股。

5. 25 日,华泰公司因业务发展需要,接受大庆公司以一项商标权向企业进行的投资。根据投资双方签订的投资合同,此项商标权的价值 80 万元,折合为公司的股票 20 万股,每股面值 1 元。

要求:根据以上经济业务进行相应的账务处理。

Ⅱ. 无形资产研发的核算

江明公司正在研究和开发一项新工艺,2012 年 1 至 10 月发生的各项研究、调查、试验等材料费用 27 万元,人工费用 68 万元。2012 年 10 月至 12 月发生材料等各项支出 12 万元,人工费用 29 万元,在 2012 年 9 月末,该公司已经可以证实该项新工艺必然开发成功,并满足无形资产确认标准。2013 年 1 ~ 6 月又发生材料费用 19 万、直接参与开发人员的工资 142 万、场地设备等租金和注册费等支出 37 万元。2013 年 6 月末该项新工艺完成,达到了预定可使用状态。

要求:根据以上经济业务作出相关的会计处理。

Ⅲ. 无形资产的后续计量

某电子科技有限公司 2008 年 1 月 1 日以银行存款 600 万元购入一项专利权。该项无形资产的预计使用年限为 10 年,2011 年末预计该项无形资产的可收回金额为 200 万元,尚可使用年限为 5 年。另外,该公司 2009 年 1 月内部研发成功并可供使用非专利技术的无形资产账面价值 150 万元,无法预见这一非专利技术为企业带来未来经济利益期限,2011 年末预计其可收回金额为 130 万元,预计该非专利技术可以继续使用 4 年,该企业按直线法摊销无形资产。

要求:

1. 计提 2011 年无形资产减值准备。
2. 对 2012 年无形资产进行摊销,并编制会计分录。

【参考答案】

一、单项选择题

(一)存货

1. C 2. D 3. C 4. D 5. B 6. A 7. C 8. B 9. B 10. C 11. C 12. D 13. B 14. B 15. B 16. B 17. D 18. B 19. B 20. B

(二)固定资产

1. B 2. B 3. B 4. C 5. D 6. B 7. A 8. C 9. D 10. D 11. A 12. D 13. D

14. B 15. A 16. A 17. A 18. C 19. C 20. D 21. D 22. B 23. C 24. A 25. A 26. B 27. A 28. C 29. B 30. B

(三)无形资产及其他资产

1. D 2. C 3. D 4. B 5. C 6. B 7. D 8. D 9. C 10. B 11. C

二、多项选择题

(一)存货

1. ABE 2. ABCD 3. ABDE 4. BCDE 5. AD 6. ACE 7. ACD 8. ABCD 9. ABCD 10. ABDE 11. AB 12. BCDE 13. CE 14. ABCDE 15. ABDE 16. ABDE 17. ABCDE 18. ABC 19. ABCE

(二)固定资产

1. ABCDE 2. ABCD 3. AD 4. AC 5. CDE 6. AB 7. BCE 8. BD 9. ABCDE 10. ABCDE 11. ABCD 12. ABC 13. ABC 14. ABCD 15. BCD

(三)无形资产及其他资产

1. ABCD 2. AE 3. BCDE 4. CDE 5. ABCE 6. ABC

三、判断题

(一)存货

1. × 2. √ 3. × 4. × 5. × 6. √ 7. × 8. √ 9. √ 10. × 11. √ 12. √ 13. √ 14. √ 15. √ 16. √ 17. × 18. × 19. √

(二)固定资产

1. × 2. √ 3. √ 4. √ 5. × 6. × 7. √ 8. × 9. × 10. √ 11. × 12. × 13. √ 14. × 15. √ 16. ×

(三)无形资产及其他资产

1. × 2. √ 3. √ 4. √ 5. √ 6. × 7. × 8. × 9. × 10. × 11. × 12. × 13. × 14. ×

四、岗位核算题

(一)存货的核算

Ⅰ. 原材料购进、领用的核算

1. 借:原材料——A 材料　　475 200
　　应交税费——应交增值税(进项税额)　　80 304
　　贷:银行存款　　555 504

2. 先进先出法:

借:生产成本　　272 800

贷:原材料——A 材料 272 800

3. 借:原材料——A 材料 291 000

应交税费——应交增值税(进项税额) 49 470

贷:银行存款 340 470

4. 先进先出法:

借:生产成本 346 050

贷:原材料——A 材料 346 050

5. 借:原材料——A 材料 230 000

——B 材料 501 500

应交税费——应交增值税(进项税额) 123 965

贷:银行存款 855 465

6. 先进先出法:

借:生产成本 380 750

贷:原材料——A 材料 380 750

7. 加权平均法:

借:生产成本 995 696

贷:原材料——A 材料 995 696

3 月份发出的 A 材料的实际成本及月末结存成本如下:

6 月 8 日购入 A 材料实际总成本为 475 200,单位成本为 48 元/斤

6 月 15 日购入 A 材料实际总成本为 291 000,单位成本为 48.5 元/斤

6 月 23 日购入 A 材料实际总成本为 230 000,单位成本为 46 元/斤

A 材料月末结存成本:

先进先出法:2 100 ×46 =96 600(元)

加权平均法:(2 000 ×50 +475 200 +291 000 +230 000) ÷(2 000 +9 900 +6 000 +5 000)

=47.87(元/斤)

2 100 ×47.87 =100 527(元)

发出的实际成本见分录。

Ⅱ.材料按实际成本计价核算

1. 借:应付账款——暂估应付款 150 000

贷:原材料 150 000

2. 借:原材料:——A 材料 100 000

贷:在途物资 100 000

3. 借:原材料——A 材料 202 790

应交税费——应交增值税(进项税额) 34 210

贷:应付票据 237 000

4. 借:预付账款 160 000

贷:银行存款 160 000

5. 借:原材料——B 材料　600 000
　应交税费——应交增值税(进项税额)　102 000
　贷:其他货币资金——银行本票存款　702 000
6. 借:在途物资　243 860
　应交税费——应交增值税(进项税额)　40 940
　贷:应付账款　284 800
7. 借:原材料——A 材料　231 667
　待处理财产损益——待处理流动资产损溢　12 193
　贷:在途物资　243 860
8. 借:原材料——A 材料　140 000
　应交税费——应交增值税(进项税额)　23 800
　贷:银行存款　3 800
　　预付账款　160 000
9. 借:应付账款　14 240
　贷:待处理财产损益——待处理流动资产损溢　12 193
　　应交税费——应交增值税(进项税额转出)　2 047
10. 借:原材料——A 材料　120 000
　贷:应付账款——暂估应付款　120 000
11. 借:生产成本——基本生产成本　846 000
　制造费用　161 000
　管理费用　157 200
　在建工程　122 382
　贷:原材料　1 268 800
　　应交税费——应交增值税(进项税额转出)　17 782

Ⅲ.原材料按计划成本计价核算

1. 借:原材料　155 400
　贷:材料采购　150 800
　　材料成本差异　4 600
2. 借:材料采购　223 060
　应交税费——应交增值税(进项税额)　37 540
　贷:银行存款　260 600
借:原材料　220 000
　材料成本差异　3 060
　贷:材料采购　223 060
3. 借:材料采购　303 818
　应交税费——应交增值税(进项税额)　51 182
　贷:银行存款　355 000

借:原材料 320 000
　贷:材料采购 303 818
　　材料成本差异 16 182

4. 借:材料采购 304 604
　　应交税费——应交增值税(进项税额) 51 196
　　贷:银行存款 355 800

5. 借:原材料 298 680
　　材料成本差异 5 924
　　贷:材料采购 304 604

6. 借:预付账款 100 000
　　贷:银行存款 100 000

7. 借:材料采购 203 460
　　应交税费——应交增值税(进项税额) 34 140
　　贷:其他货币资金——银行汇票存款 237 600

8. 借:材料采购 121 716
　　应交税费——应交增值税(进项税额) 20 484
　　贷:应付账款 142 200

借:原材料 120 000
　材料成本差异 1 716
　贷:材料采购 121 716

9. 借:生产成本——基本生产成本 792 000
　　制造费用 90 000
　　管理费用 134 000
　　在建工程 70 302
　　贷:原材料 1 076 000
　　　应交税费——应交增值税(进项税额转出) 10 302

7 月份材料成本差异率:13 840.8 ÷ 1 384 080 × 100% = 1%

分摊差异:

借:生产成本——基本生产成本 7 920
　制造费用 900
　管理费用 1 340
　在建工程 600
　贷:材料成本差异 10 760

Ⅳ. 低值易耗品的核算

1. 小规模纳税人:

借:材料采购 71 800
　贷:银行存款 71 800

借:周转材料——低值易耗品　73 000
　贷:材料采购　71 800
　　材料成本差异　1 200

一般纳税人:

借:材料采购　61 600
　应交税费——应交增值税(进项税额)　10 200
　贷:银行存款　71 800

借:周转材料——低值易耗品　73 000
　贷:材料采购　61 600
　　材料成本差异　11 400

以下会计处理小规模纳税人同一般纳税人。

2. 借:周转材料——低值易耗品　116 600
　　材料成本差异　3 400
　　贷:材料采购　120 000

3. 借:生产成本　7 600
　　贷:周转材料——低值易耗品　7 600

4. 领用时:

借:周转材料——低值易耗品(在用)　108 000
　贷:周转材料——低值易耗品(在库)　108 000

同时摊销50%:

借:管理费用　54 000
　贷:周转材料——低值易耗品(摊销)　54 000

报废时,摊销另一半,并结转:

借:管理费用　54 000
　贷:周转材料——低值易耗品(摊销)　54 000

借:周转材料——低值易耗品(摊销)　108 000
　贷:周转材料——低值易耗品(在用)　108 000

5. 借:原材料　200
　　贷:生产成本　200

本月发出材料应分摊成本:(108 000 + 7 600) × (−2%) = −2 312(元)

Ⅴ. 包装物按实际成本计价核算

1. 借:周转材料——包装物　80 000
　　应交税费——应交增值税(进项税额)　13 600
　　贷:银行存款　93 600

2. 借:在途物资——包装物　100 000
　　应交税费——应交增值税(进项税额)　17 000
　　贷:银行存款　117 000

3. 借:生产成本 17 000
 贷:周转材料——包装物 17 000
4. 借:销售费用 4 600
 贷:周转材料——包装物 4 600
5. 借:银行存款 11 700
 贷:其他业务收入 10 000
  应交税费——应交增值税(销项税额) 1 700
借:其他业务成本 8 000
 贷:周转材料——包装物 8 000
6. 借:银行存款 7 000
 贷:其他应付款——押金 7 000
借:应收账款 2 340
 贷:其他业务收入 2 000
  应交税费——应交增值税(销项税额) 340
借:其他业务成本 6 000
 贷:周转材料——包装物 6 000
7. 借:其他应付款——押金 8 500
 贷:银行存款 6 800
  其他业务收入 1 453
  应交税费——应交增值税(销项税额) 247
8. 借:其他应付款——押金 5 600. 00
 贷:银行存款 3 378. 00
  其他业务收入 1 899. 14
  应交税费——应交增值税(销项税额) 322. 86
9. 借:原材料 100
 贷:其他业务成本 100

Ⅵ. 委托加工业务的核算

1. 借:委托加工物资 237 600
 材料成本差异 2 400
 贷:原材料 240 000
2. 借:委托加工物资 38 590
 应交税费——应交增值税(进项税额) 510
  ——应交消费税 26 000
 贷:银行存款 65 100
3. 借:原材料 272 400
 材料成本差异 3 790
 贷:委托加工物资 276 190

Ⅶ.售价金额的核算

1. 借:在途物资　604 418
　　应交税费——应交增值税(进项税额)　102 182
　　贷:银行存款　706 600
借:库存商品　898 000
　贷:在途物资　604 418
　　商品进销差价　293 582
2. 借:库存商品　220 000
　　贷:在途物资　170 000
　　　商品进销差价　50 000
3. 借:银行存款　197 400
　　贷:主营业务收入　197 400
借:主营业务成本　197 400
　贷:库存商品　197 400
4. 借:主营业务收入　1 060 970
　　贷:应交税费——应交增值税(销项税额)　1 060 970
5. 商品进销差价率 = 2 338 200/(492 030 + 7 301 970) × 100% = 30%
发出商品应分摊差价 = 7 301 970 × 30% = 2 190 591 元
借:商品进销差价　2 190 591
　贷:主营业务成本　2 190 591

Ⅷ.存货跌价准备的核算

1. 借:资产减值损失　3 140
　　贷:存货跌价准备　3 140
2. 借:存货跌价准备　1 640
　　贷:资产减值损失　1 640
3. 借:资产减值损失　24 000
　　贷:原材料　24 000
借:存货跌价准备　5 260
　贷:资产减值损失　5 260

Ⅸ.存货清查的核算

1. 借:原材料　4 000
　　贷:待处理财产损益——待处理流动资产损溢　4 000
2. 借:待处理财产损益——待处理流动资产损溢　9 000
　　贷:原材料——B 材料　5 500
　　　　　　——C 材料　3 500
3. 借:待处理财产损益——待处理流动资产损溢　4 000
　　贷:管理费用　4 000

4. B 材料:借:原材料 500
营业外支出 5 000
贷:待处理财产损益——待处理流动资产损溢 5 500

C 材料:借:其他应收款——× × 4 095
贷:待处理财产损益——待处理流动资产损溢 3 500
应交税费——应交增值税(进项税额转出) 595

(二)固定资产的核算

Ⅰ. 固定资产增加业务的核算

1. 借:固定资产 51 860
应交税费——应交增值税(进项税额) 8 640
贷:银行存款 60 500

2. 借:固定资产 234 000
贷:应付票据 234 000

3. 借:在建工程 84 000
应交税费——应交增值税(进项税额) 13 600
贷:银行存款 97 600

借:在建工程 3 300
贷:原材料 2 500
应付职工薪酬 800

借:固定资产 87 300
贷:在建工程 87 300

4. 借:固定资产 5 000 000
贷:实收资本 5 000 000

Ⅱ. 固定资产更新改造的核算

1. 借:在建工程 600 000
累计折旧 300 000
贷:固定资产 900 000

2. 借:在建工程 2 000
贷:银行存款 2 000

3. 借:在建工程 6 300
贷:工程物资 4 500
应付职工薪酬 1 800

4. 借:银行存款 1 600
贷:在建工程 1 600

5. 借:在建工程 10 000
贷:原材料 10 000

6. 借:在建工程 5 000

贷:生产成本——辅助生产成本 5 000

7. 借:固定资产 621 700

贷:在建工程 621 700

Ⅲ. 固定资产折旧额的计算

年数总和法:

年 份	期初账面折余价值	年折旧率	年折旧额	累计折旧额	期末账面折余价值
1	400 000	5/15	132 666.7	132 666.7	267 333.3
2	267 333.3	4/15	106 133.3	238 800	161 200
3	161 200	3/15	79 600	318 400	81 600
4	81 600	2/15	53 066.7	371 466.7	28 533.3
5	28 533.3	1/15	26 533.3	398 000	2 000

借:制造费用 132 666.70

贷:累计折旧 132 666.70

双倍余额递减法:

年 份	期初账面折余价值	年折旧率	年折旧额	累计折旧额	期末账面折余价值
1	400 000	2/5	160 000	160 000	240 000
2	240 000	2/5	96 000	256 000	144 000
3	144 000	2/5	57 600	313 600	86 400
4	86 400	—	42 200	355 800	44 200
5	44 200	—	42 200	398 000	2 000

借:制造费用 160 000

贷:累计折旧 160 000

Ⅳ. 固定资产变卖的核算

借:固定资产清理 160 000

累计折旧 170 000

固定资产减值准备 20 000

贷:固定资产 350 000

借:银行存款 250 000

贷:固定资产清理 250 000

借:固定资产清理 15 500

贷:银行存款 3 000

应交税费——应交营业税 12 500

借:固定资产清理 74 500

贷:营业外收入 74 500

(三)无形资产及其他资产

Ⅰ. 无形资产增加的核算

华泰公司 2011 年 12 月份发生有关无形资产的业务

1. 借:无形资产——专利权 50 000

贷:银行存款 50 000

2. 借:研发支出——费用化支出 27 000

——资本化支出 121 000

贷:原材料 89 000

应付职工薪酬 54 000

银行存款 5 000

3. 借:无形资产——商标使用权 1 800 000

贷:银行存款 1 800 000

4. 借:无形资产——土地使用权 8 600 000

贷:股本——面值 4 300 000

资本公积——股本溢价 4 300 000

5. 借:无形资产——商标权 8 000 000

贷:股本——面值 200 000

资本公积——股本溢价 600 000

Ⅱ.无形资产研发的核算(以万元为单位)

借:研发支出——费用化支出 95

——资本化支出 239

贷:原材料 58

应付职工薪酬——工资 239

银行存款 37

借:管理费用 95

贷:研发支出——费用化支出 95

借:无形资产 239

贷:研发支出——资本化支出 239

Ⅲ.无形资产的后续计量(以万元为单位)

2011 年计提的无形资产减值准备:

专利权:360—200 = 160(万元)

非专利技术:150—130 = 20(万元)

借:资产减值损失 180

贷:无形资产减值准备 180

2012 年的摊销金额:

专利权:200/5 = 40(万元)

非专利技术:130/4 = 32.5(万元)

借:管理费用 72.50

贷:累计摊销——专利权 40.00

——非专利技术 32.50

岗位三　往来岗位会计实务

一、单项选择题

1. 预付账款不多的企业，可以不设“预付账款”科目，而将预付账款记入(　　)。

A.“应收账款”科目的借方　　B.“应收账款”科目的贷方

C.“应付账款”科目的借方　　D.“应付账款”科目的贷方

2. 2012 年 4 月 16 日，A 企业销售产品一批，价款 400 万元，增值税 68 万元，收到期限为 6 个月的商业承兑汇票一张，年利率为 7%，则该票据到期时，A 企业收到的票款为(　　)。

A. 468 万元　　B. 484. 38 万元　　C. 400 万元　　D. 414 万元

3. 企业应按期计提坏账准备，对于已确认的坏账损失，应借记(　　)科目。

A. 管理费用　　B. 财务费用　　C. 坏账准备　　D. 资产减值损失

4. C 企业 2011 年年末坏账准备贷方余额 1 000 元，2012 年 12 月末，应收账款借方余额 68 000 元，2012 年 10 月发生坏账损失 1 500 元，按应收账款余额的 2% 计提坏账准备，则该企业 2012 年 12 月末坏账准备的余额为(　　)元。

A. 借方 2 500　　B. 贷方 1 860　　C. 贷方 1 500　　D. 借方 1 360

5. A 企业将销售商品收到的银行承兑汇票背书转让给 B 企业，用于支付购买原材料的价款，应贷记的科目是(　　)。

A. 应收账款　　B. 应收票据　　C. 应付票据　　D. 银行存款

6. 2011 年 7 月 18 日，A 企业将收到的出票日为 5 月 20 日、期限为 180 天、面值为 100 000元的票据到银行申请贴现。该票据的贴现天数为(　　)天。

A. 180　　B. 122　　C. 120　　D. 121

7. 企业的应收票据在到期时，承兑人无力偿还票款的，应将其转入(　　)科目。

A. 应收账款　　B. 应付账款　　C. 其他应收款　　D. 预收账款

8. 下列各项，不通过“其他应收款”科目核算的是(　　)。

A. 为购货方代垫的运费　　B. 应收保险公司的各项赔款

C. 为职工代垫的房租　　D. 存出保证金

9. 企业在转销已经确认的无法支付的应付账款时，应贷记的会计科目是(　　)。

A. 其他业务收入　　B. 营业外收入　　C. 盈余公积　　D. 资本公积

10. 对于预收货款业务不多的企业，其所发生的预收货款可以通过以下账户进行核算(　　)。

A. 应收账款　　B. 应付账款　　C. 预付账款　　D. 其他应收款

11. 企业开出的商业汇票为银行承兑汇票，其无力支付票款时，应将应付票据的票面金额转作（　　）。

A. 应付账款　　B. 短期借款　　C. 营业外收入　　D. 其他应付款

12. 企业开出并承兑的商业承兑汇票到期无力支付时，正确的会计处理是将该应付票据（　　）。

A. 转作短期借款　　B. 转作应付账款　　C. 转作其他应付款　　D. 仅做备查登记

13. 下列项目中，不通过“应付账款”账户核算的是（　　）。

A. 存入保证金　　B. 应付货物的增值税

C. 应付销货企业代垫费　　D. 应付货物价款

14. 下列各项中，应通过“其他应付款”科目核算的是（　　）。

A. 应付现金股利　　B. 应交教育费附加

C. 应付租入包装物租金　　D. 应付管理人员工资

15. 企业从应付职工工资中代扣的职工房租，应借记的会计科目是（　　）。

A. 应付职工薪酬　　B. 银行存款　　C. 其他应收款　　D. 其他应付款

二、多项选择题

1. 企业采用备抵法核算坏账准备，估计坏账损失的方法有（　　）。

A. 应收账款余额百分比法　　B. 账龄分析法

C. 年数总和法　　D. 销货百分比法

E. 双倍余额递减法

2. 下列各项，构成应收账款入账价值的有（　　）。

A. 增值税销项税额　　B. 商业折扣

C. 代购货方垫付的保险费　　D. 销售货款

E. 代购货方垫付的运杂费

3. 下列各项中，应计入“坏账准备”科目贷方的有（　　）。

A. 按规定提取的坏账准备　　B. 当期发生的坏账损失

C. 收回已确认为坏账并转销的应收账款　　D. 冲回多提的坏账准备

E. 补提的坏账准备

4. 下列各项中，会影响应收账款账面价值的有（　　）。

A. 收回前期应收账款　　B. 发生赊销商品的业务

C. 收回已转销的坏账　　D. 结转到期不能收回的票据

E. 按规定计提应收账款的坏账准备

5. 下列关于现金折扣与商业折扣的说法，正确的是（　　）。

A. 商业折扣是指在商品标价上给予的扣除

B. 现金折扣是指债权人为鼓励债务人早日付款，而向债务人提供的债务扣除

C. 存在商业折扣的情况下，应收账款入账金额应按扣除商业折扣后的实际售价确认

D. 我国会计实务中采用总价法核算存在现金折扣的交易

E. 总价法是将未减去现金折扣前的金额作为实际售价,记作应收账款的入账价值

6. 下列项目中,应作为“其他应付款”核算的有(　　)。

A. 应付购货欠款　B. 应付存入保证金　C. 应付短期借款利息

D. 应付经营租入固定资产的租赁费　E. 应付包装物租金

7. 下列各项中,应通过“其他应付款”科目核算的项目是(　　)。

A. 应付存入保证金　B. 应付各种赔款　C. 应付租金

D. 应付职工困难补助　E. 应付进项税

8. 下列各项中,应通过“其他应收款”科目核算的有(　　)。

A. 代购货单位垫付的运杂费　B. 收到的包装物押金

C. 应收的各种赔款　D. 应向职工收取的各种垫付款

9. 采用备抵法核算应收账款的坏账,必须采用一定的方法合理估计个会计期间坏账损失。按期估计坏账损失的方法主要有(　　)。

A. 应收款项余额百分比法　B. 账龄分析法

C. 赊销百分比法　D. 直接转销法

10. 按现行制度规定,不能用“应收票据”及“应付票据”核算的票据包括(　　)。

A. 支票　B. 银行承兑汇票　C. 银行汇票　D. 商业承兑汇票

11. 以下应该包含在销货方“应收账款”金额中的内容有(　　)。

A. 销货款　B. 增值税销项税额　C. 现金折扣　D. 商业折扣

12. 企业按买卖双方协议商定收取的预收货款,可以在(　　)科目核算。

A. 其他应付款　B. 预付账款　C. 预收账款　D. 应收账款

三、判断题

1. 企业应向职工收取的暂付款项可在“应收账款”科目进行核算。(　　)

2. 预付款项不多的企业,可将预付款项直接记入“应付账款”账户的借方,不设置“预付账款”账户。但在编制会计报表时,要将“预付账款”和“应收账款”的金额分开列示。(　　)

3. 企业实际发生坏账损失时,应借记“坏账准备”科目,贷记“应收账款”科目。(　　)

4. 企业采用应收账款余额百分比法计提坏账准备的,期末“坏账准备”账户余额应等于按应收账款余额的一定百分比计算的坏账准备金额。(　　)

5. 按总价法核算存在现金折扣的交易,其实际发生的现金折扣作为当期的财务费用。(　　)

6. 2012 年 4 月 5 日,B 企业赊销产品一批,价款 10 万元,增值税额 1.7 万元,现金折扣条件为 2/10,1/20,n/30。假设折扣不考虑增值税因素。4 月 12 日,购货单位付款。则 B 企业应确认财务费用 1 000 元。(　　)

7. 企业采用直接转销法或备抵法核算发生的坏账损失,确认的标准是不同的。(　　)

8. 无息票据的贴现所得一定小于票据面值,而有息票据的贴现所得则不一定小于票据面值。(　　)

9. 企业取得应收票据时,无论是否带息,均应按其到期值入账。 ( )

10. 应收款项属于企业的一项金融资产。 ( )

11. 企业对于确实无法支付的应付账款,应冲减已计提的坏账准备。 ( )

12. 对于带息应付票据,偿付时所支付的利息应作为管理费用入账。 ( )

13. 应付商业承兑汇票到期,如企业无力支付票款,应将应付票据按票面金额转做短期借款。 ( )

14. 企业应付各种赔款、应付租金等应在“其他应付款”科目核算。 ( )

15. 预收货款不多的企业,可以不设置“预收账款”账户,其发生的预收货款通过“应付账款”账户核算。 ( )

四、岗位核算题

(一)应收款的核算

华泰公司为增值税一般纳税企业,适用的增值税率为 17%。2012 年 3 月份发生以下业务:

(1)2 日,向 B 公司赊销某商品 100 件,每件标价 200 元,实际售价 180 元(售价中不含增值税额),已开增值税专用发票。商品已交付 B 公司。代垫 B 公司运杂费 2 000 元。现金折扣条件为 2/10,1/20,n/30。

(2)4 日,销售给乙公司商品一批,增值税发票上注明价款为 20 000 元,增值税额 3 400 元,乙公司以一张期限为 60 天,面值为 23 400 元的无息商业承兑汇票支付。该批商品成本为 16 000 元。

(3)8 日,收到 B 公司 3 月 2 日所购商品货款并存入银行。

(4)11 日,A 公司从甲公司购买原材料一批,价款 20 000 元,按合同规定先预付 40% 购货款,其余货款验货后支付。

(5)20 日,因急需资金,A 公司将收到的乙公司的商业承兑汇票到银行办理贴现,年贴现率为 10%。

(6)21 日,收到从甲公司购买的原材料,并验收入库,余款以银行存款支付。增值税专用发票注明价款 20 000 元,增值税 3 400 元。

(7)以现金拨付销售科备用金 5 000 元。

要求:编制上述业务的会计分录(假定现金折扣不考虑增值税因素)。

(二)坏账准备计提的核算

兴隆公司采用应收账款余额百分比法计提坏账准备,计提比例为 0.5%。2011 年末坏账准备科目为贷方余额 7 000 元。2012 年甲企业应收账款及坏账损失发生情况如下;

(1)1 月 20 日,收回上年已转销的坏账损失 20 000 元。

(2)6 月 4 日,获悉应收乙企业的账款 45 000 元,由于该企业破产无法收回,确认坏账损失。

(3)2012 年 12 月 31 日,甲企业应收账款余额为 1 200 000 万元。

要求：编制上述有关坏账准备的会计分录。

（三）应收账款抵押和出售的核算

华泰公司为增值税一般纳税企业，适用的增值税率为17%。2012年4月，华泰公司发生以下经济业务：

（1）以应收账款20 000元作为抵押，按应收账款金额的80%向银行取得借款，计16 000元，期限为3个月，合同规定，银行按应收账款的1%扣收手续费2 000元，以企业将实际收到的款项存入银行。

（2）因急需资金，将一笔应向A公司收取的账面余额为234 000元（其中价款为200 000元，增值税额为34 000元）的应收账款不附追索权出售给银行。该应收账款不存在现金折扣，企业也未对该应收账款计提坏账准备。合同规定的手续费比率为5%，扣留款比率为10%，甲公司实际收到款项198 000元。后因产品质量问题，企业同意给予A公司5%的销售折让，并收到银行退回的多余扣留款。

要求：根据上述资料，编制有关会计分录。

（四）应收票据的核算

华泰公司销售商品500 000元，增值税85 000元，收到面值为585 000元的带息商业承兑汇票一张，期限90天，出票日为2012年4月14日，票面利率3.6%。

要求：编制商业汇票取得、计提利息、到期有能力承兑和到期无能力承兑时的有关会计分录。

（五）融资租赁的核算

昌河公司采用融资租赁方式租人生产线一条，按租赁协议确定的租赁价款为1 000 000元，另外支付运杂费、途中保险费、安装调试费等200 000元（包括租期结束购买该生产线应付的价款）。按租赁协议规定，租赁价款分五年于每年年初支付，该生产线的折旧年限为5年，采用直线法计提折旧（不考虑净残值），租赁期满，该生产线转归承租企业拥有。该企业融资租赁资产占全部资产总额的5%。

要求：根据上述资料，编制有关会计分录。

（六）预付账款的核算

华泰公司2011年11月份发生以下经济业务：

（1）2012年6月1日，华泰公司预付利民公司的原材料款共计150 000元。

（2）收到原材料及增值税专用发票时，货款价值为200 000元，增值税税值为34 000元，应补付84 000元。

（3）若华泰公司收到原材料及专用发票，全部货价为100 000元，增值税17 000元，应退33 000元。

要求：根据上述资料，编制有关会计分录。

（七）现金折扣的核算

2012年6月10日，兴隆公司赊销一批商品，货款为100 000元（不含增值税），规定对货款部分的付款条件为2/10、N/30，适用的增值税税率为17%。假设折扣时不考虑增值税。

要求：作出兴隆公司赊销时、客户享受折扣和不享受折扣的账务处理。

(八)坏账损失的核算

华泰2011年12月31日应收账款的年末借方余额为800 000元，坏账准备账户原有贷方余额3 000元，坏账准备金提取率为5‰。2012年5月应收乙公司货款50 000元，有确凿证据表明收不回。

要求：根据发生的有关经济业务，编制以下会计分录：

(1)2011年末估计坏账损失，计提坏账准备金。

(2)2012年5月发生坏账的处理。

五、案例分析题

华泰公司为增值税一般纳税人，适用增值税税率17%，商品销售均为正常的商品交易，除特别说明外，采用应收账款余额百分比法于每年6月30日和12月31日计提坏账准备，计提比例为1%。2012年5月31日，"应收账款"账户借方余额为5 000 000元，全部为应收和谐公司账款，"坏账准备"账户贷方余额为50 000元；"应收票据"和"其他应收款"账户无余额。2012年6月至12月对有关业务进行了如下处理：

(1)6月1日，向和谐公司赊销一批商品，开出的增值税专用发票注明的销售价格为1 000 000元，增值税为170 000元，货款尚未收到。

借：应收账款——和谐公司　　1 170 000

　贷：主营业务收入　　1 000 000

　　应交税费——应交增值税(销项税额)　　170 000

(2)6月10日，收到应收江明公司账款4 000 000元，款项已存入银行。

借：银行存款　　4 000 000

　贷：应收账款　　4 000 000

(3)6月15日，向利民公司赊销一批商品，开出的增值税专用发票上注明货款2 000 000元，增值税为340 000元，货款尚未收到。

借：应收账款——利民公司　　2 340 000

　贷：主营业务收入　　2 000 000

　　应交税费——应交增值税(销项税额)　　340 000

(4)6月20日，向昌和公司赊销一批商品，开出的增值税专用发票上注明货款5 000 000元，增值税为850 000元；收到昌和公司开具的不带息商业承兑汇票，到期日为2012年12月20日。

借：应收票据——昌和公司　　5 850 000

　贷：主营业务收入　　5 000 000

　　应交税费——应交增值税(销项税额)　　850 000

(5)假定6月份，华泰公司除上述业务外没有发生其他有关应收款项的业务。6月30日，对各项应收账款计提坏账准备。其中，应收和谐公司的账款采用个别认定法计提坏账准备，计提比例5%。

应计提坏账准备金额 = 1 170 000 × 5% = 58 500 元

借:资产减值损失　　58 500

　贷:坏账准备　　58 500

对其他应收款项应计提坏账准备:

(5 000 000 - 4 000 000 + 2 340 000 + 5 850 000) × 1% - 50 000 = 41 900(元)

借:资产减值损失　　41 900

　贷:坏账准备　　41 900

(6)9 月 1 日,将应收和谐公司的账款质押给银行,取得期限为 3 个月的流动资金借款 1 080 000元,年利率为 4%,到期一次还本付息。假定华泰公司月末不预提流动资金借款利息。

借:银行存款　　1 080 000

　贷:短期借款　　1 080 000

(7)9 月 10 日,将应收利民公司货款出售给银行,取得价款 1 900 000 元,协议约定不附追索权。

借:银行存款　　1 900 000

　营业外支出　　440 000

　贷:应收账款——利民公司　　2 340 000

(8)10 月 20 日,将 6 月 20 日收到的昌和公司商业承兑汇票向银行贴现,获取价款 5 800 000元,协议约定银行在票据到期日有追索权。

借:银行存款　　5 800 000

　贷:短期借款　　5 800 000

(9)12 月 1 日,向银行质押借入的流动资金借款到期,以银行存款支付借款本息。至 12 月 31 日,华泰公司尚未收到该账款。

借:短期借款　　10 080 000

　财务费用　　108 000

　贷:银行存款　　10 908 000

(10)12 月 20 日,昌和公司因财务困难未向银行支付票款。华泰公司收到银行退回已贴现的商业承兑汇票,并以银行存款支付全部票款。

借:应收票据　　5 800 000

　财务费用　　500 000

　贷:银行存款　　5 850 000

借:应收账款　　5 850 000

　贷:应收票据　　5 850 000

(11)12 月 31 日,对各项应收账款计提坏账准备。对和谐公司应收账款仍采用个别认定法计提坏账准备,计提比例为 20%。

对和谐公司应补提的坏账准备 = 1 170 000 × 20% - 58 500 = 175 500(元)

借:资产减值损失　　175 500

贷:坏账准备　175 500

对其他公司应收款项应计提的坏账准备 = (1 000 000 + 5 850 000) × 1% - 91 900 = -23 400(元)

借:坏账准备　23 400

贷:资产减值损失　23 400

要求:分析华泰公司上述各项业务的会计处理是否正确,错误的请写出正确处理方法。

【参考答案】

一、单项选择题

1. A　2. B　3. D　4. B　5. B　6. D　7. A　8. A　9. B　10. A　11. B　12. B　13. A　14. C　15. A

二、多项选择题

1. ABD　2. ACDE　3. ACE　4. ABDE　5. ABCDE　6. BDE　7. ABC　8. CD　9. ABC　10. AC　11. ABC　12. CD

三、判断题

1. ×　2. √　3. √　4. √　5. √　6. ×　7. ×　8. √　9. ×　10. √　11. ×　12. ×　13. ×　14. √　15. ×

四、账务处理题

(一)应收款的核算

(1)借:应收账款　23 060

贷:主营业务收入　18 000

应交税费——应交增值税(销项税额)　3 060

银行存款　2 000

(2)借:应收票据　23 400

贷:主营业务收入　20 000

应交税费——应交增值税(销项税额)　3 400

借:主营业务成本　16 000

贷:库存商品　16 000

(3)借:银行存款　22 660

财务费用　400

贷:应收账款　23 060

(4)借:预付账款　　8 000
　　贷:银行存款　　8 000

(5)贴现息 = 23400 × 10% × 44/360 = 286(元)

借:银行存款　　23 114
　财务费用　　286
　贷:应收票据　　23 400

(6)借:原材料　　20 000
　　应交税费——应交增值税(进项税额)　　3 400
　　贷:预付账款　　23 400

借:预付账款　　15 400
　贷:银行存款　　15 400

(7)借:其他应收款——备用金(销售科)　　5 000
　　贷:库存现金　　5 000

(二)坏账准备计提的核算

(1)借:应收账款　　20 000
　　贷:坏账准备　　20 000

借:银行存款　　20 000
　贷:应收账款　　20 000

(2)借:坏账准备　　45 000
　　贷:应收账款　　45 000

(3)当期期末坏账准备余额 = 1 200 000 × 0.5% = 6 000(元)

提取坏账准备前科目余额 = 7 000 + 20 000 − 45 000 = −18 000(元)

应补提坏账准备 = 6 000 − (−18 000) = 24 000(元)

借:资产减值损失　　24 000
　贷:坏账准备　　24 000

(三)应收账款抵押和出售的核算

(1)借:银行存款　　14 000
　　财务费用　　2 000
　　贷:短期借款　　16 000

(2)出售应收账款时:

借:银行存款　　198 000
　其他应收款　　23 400
　财务费用　　11 700
　营业外支出　　900
　贷:应收账款　　234 000

给予 A 公司销售折让并收到银行退回的多余扣留款时:

借:主营业务收入　　10 000
　应交税费—应交增值税(销项税额)　　1 700
　银行存款　　11 700
　贷:其他应收款　　23 400

(四)应收票据的核算

(1)收到时:

借:应收票据　　585 000
　贷:主营业务收入　　500 000
　　应交税费——应交增值税(销项税额)　　85 000

(2)12 月 31 日,计提利息 = 585 000 × 3.6% × 47 ÷ 360 = 2 749.50(元)

借:应收票据　　2 749.50
　贷:财务费用　　2 749.50

(3)如到期有能力兑付:

到期值 = 585 000 ×(1 + 3.6% × 90 ÷ 360) = 590 265.00(元)

借:银行存款　　590 265.00
　贷:应收票据　　587 749.50
　　财务费用　　2 515.50

(4)如到期无法兑付:

借:应收账款　　587 749.50
　贷:应收票据　　587 749.50

注:从下年 1 月 1 日至到期日的利息不再计提,而再备查簿中登记。

(五)融资租赁的核算

(1)租入生产线:

借:在建工程　　1 000 000
　贷:长期应付款——应付融资租赁款　　1 000 000

借:在建工程　　200 000
　贷:银行存款　　200 000

(2)资产交付使用:

借:固定资产——融资租入固定资产　　1 200 000
　贷:在建工程　　1 200 000

(3)每期(分 5 期)支付融资租赁费时:

借:长期应付款——应付融资租赁款　　200 000
　贷:银行存款　　200 000

(4)计提折旧:

借:制造费用　　240 000
　贷:累计折旧　　240 000

(5)租赁期满,资产产权转入企业:

借:固定资产——生产经营用固定资产　　1 200 000

　贷:固定资产——融资租入固定资产　　1 200 000

(六)预付账款的核算

(1)借:预付账款——甲企业　　150 000

　　贷:银行存款　　150 000

(2)收到原材料及专用发票时:

借:材料采购　　200 000

　应交税费——应交增值税(进项税额)　　34 000

　贷:预付账款——利民公司　　234 000

补付货款,作如下会计分录:

借:预付账款——甲企业　　84 000

　贷:银行存款　　84 000

(3)借:材料采购　　100 000

　　应交税费——应交增值税(进项税额)　　17 000

　　贷:预付账款——甲企业　　117 000

退回多付的货款,作如下会计分录:

借:银行存款　　33 000

　贷:预付账款——利民公司　　33 000

(七)现金折扣的核算

(1)销售业务发生时,根据有关销货发票:

借:应收账款　　117 000

　贷:主营业务收入　　100 000

　　应交税费——应交增值税(销项税额)　　17 000

(2)假若客户于10天内付款时:

借:银行存款　　115 000

　财务费用　　2 000

　贷:应收账款　　117 000

(3)假若客户超过10天付款,则无现金折扣:

借:银行存款　　117 000

　贷:应收账款　　117 000

(八)坏账损失的核算

(1)2011年末估计坏账损失 $=800\ 000\times5‰=4\ 000$(元)

应提坏账准备 $=4000-3000=1\ 000$(元)

借:资产减值损失——计提的坏账准备　　1 000

　贷:坏账准备　　1 000

(2)2012 年 5 月编制会计分录如下:

借:坏账准备　　50 000

　　贷:应收账款　　50 000

五、案例分析题

(1)对　(2)对　(3)对　(4)对

(5)错。应收票据不应并入应收账款计提坏账准备,正确处理如下:

其他应收款项应计提跌价准备 =(5 000 000 - 4 000 000 + 2 340 000)×1% - 50 000

= - 16 600(元)

借:坏账准备　　16 600

　　贷:资产减值准备　　16 600

(6)对

(7)错。应收利民公司账款已计提的坏账准备,应在出售时一并结转,正确处理如下:

借:银行存款　　1 900 000

　　坏账准备　　23 400

　　营业外支出　　416 600

　　贷:应收账款——利民公司　　2 340 000

(8)对　(9)对

(10)错。正确处理如下:

借:短期借款　　5 800 000

　　财务费用　　500 000

　　贷:银行存款　　5 850 000

借:应收账款　　5 850 000

　　贷:应收票据　　5 850 000

(11)错。坏账准备计提的计算错误,正确处理如下:

计提的坏账准备 =(1 000 000 + 5 850 000)×1% + 16 600 = 85 100(元)

借:资产减值准备　　85 100

　　贷:坏账准备　　85 100

岗位四　资金核算岗位会计实务

一、单项选择题

（一）金融资产

1. 2012 年 3 月 10 日，华泰公司支付 880 万元取得一项股权投资作为交易性金融资产核算，支付价款中包括已经宣告但尚未领取的现金股利 50 万元，另外支付交易费用 2 万元。则华泰公司该项交易性金融资产的入账价值为（　　）万元。

A. 830　　B. 832　　C. 835　　D. 880

2. 企业在交易性金融资产持有期间收到现金股利和利息时，应贷记（　　）账户。

A. 应收股利或应收利息　　B. 投资收益

C. 交易性金融资产　　D. 资本公积

3. 企业取得交易性金融资产时，所支付的价款中包含的已到付息期但尚未领取的利息或已宣告但尚未发放的现金股利，应借记（　　）账户。

A. 应收利息或应收股利　　B. 投资收益

C. 交易性金融资产　　D. 资本公积

4. 在持有交易性金融资产期间，当被投资方宣告发放现金股利时，应在现金股利宣告日将尚未领取的现金股利记入（　　）账户。

A. 交易性金融资产　B. 投资收益　　C. 资本公积　　D. 公允价值变动

5. 企业以现金方式取得交易性金融资产时实际支付的税金、手续费等相关税费，应该（　　）账户。

A. 计入交易性金融资产　　B. 冲减投资收益

C. 计入财务费用　　D. 计入管理费用

6. 企业持有一次还本付息的债券并准备持有至到期，期末计提利息时，应借记（　　）账户。

A. 应收利息　　B. 其他应收款

C. 应计利息　　D. 持有至到期投资——×债券（应计利息）

7. 企业持有分期付息，一次还本的债券投资，并准备持有至到期，期末计提利息时，应借记（　　）账户。

A. 应收利息　　B. 其他应收款

C. 应收利润　　D. 持有至到期投资——×债券（应计利息）

8. 企业购买股票时实际支付的价款中,包含已宣告但尚未领取的现金股利,则现金股利应计入(　　)账户。

A. 应收股利　　B. 交易性金融资产
C. 长期股权投资　　D. 其他应收款

9. 下列属于债权性投资的是(　　)。

A. 购买普通股股票　　B. 购买优先股股票
C. 购买固定资产　　D. 购买债券

10. 企业取得交易性金融资产,应当按照(　　)计量

A. 公允价值　　B. 可变现净值　　C. 历史成本　　D. 重置成本

11. 交易性金融资产应当以公允价值进行后续计量,公允价值变动记入(　　)。

A. 公允价值变动损益 B. 投资收益　　C. 资本公积　　D. 营业外支出

12. 债券发行价格的高低主要取决于债券发行时的市场利率。当企业发行债券的票面利率高于市场利率时,企业债券应按(　　)发行。

A. 平价　　B. 溢价　　C. 折价　　D. 协议价

13. 明光公司2012年11月8日从证券市场上购入B公司发行在外的股票200万股作为交易性金融资产,每股支付价款5元,另外支付相关费用20万元;2012年12月31日,这部分股票的公允价值为1050万元,该公司年末应确认的公允价值变动损益为(　　)万元。

A. 损失50　　B. 收益50　　C. 收益30　　D. 损失30

(二)长期股权投资

1. 企业以现金购买股票作为长期股权投资,如果实际支付的购买价款中包含已宣告但尚未领取的现金股利,则这部分现金股利应通过(　　)账户入账。

A. 长期股权投资　　B. 投资收益　　C. 应收股利　　D. 其他应收款

2. 下列属于权益性投资的是(　　)。

A. 购买普通股股票　　B. 购买国库券
C. 购买固定资产　　D. 购买企业债券

3. 母公司对子公司的投资应当采用(　　)方法进行账务处理。

A. 成本法　　B. 权益法　　C. 直接法　　D. 间接法

4. 某投资企业于2012年1月1日,取得对联营企业35%的股权,取得投资时被投资企业的固定资产公允价值为1 000万元,账面价值为600万元,固定资产预计使用10年,净残值为零,按照直线法计提折旧。被投资单位2012年度利润表中净利润为2 000万元。不考虑所得税和其他因素的影响,投资企业按权益法核算2012年应确认的投资收益为(　　)万元。

A. 665　　B. 679　　C. 686　　D. 700

5. 企业以非现金资产对外投资时(不属于企业合并),非现金资产的公允价值如果小于非现金资产的账面价值,其差额应计入(　　)。

A. 投资成本　　B. 资本公积　　C. 当期损益　　D. 在会计上不予确认

6. 在采用权益法进行长期股权投资核算时,下列各项会计不用进行账务处理,只需在

备查簿中登记一下的是( )。

A. 被投资企业接受现金捐赠　　B. 被投资企业接受固定资产捐赠

C. 被投资企业宣告分派现金股利　　D. 被投资企业宣告分派股票股利

7. 投资企业对长期股权投资采用成本法核算时,投资单位在投资当年分得的现金股利,确定是由投资前被投资单位实现的利润分配来的,投资企业会计应当作为( )入账。

A. 冲减初始投资成本　　B. 投资收益

C. 资本公积　　D. 冲减财务费用

8. 同一控制下企业合并,合并方以支付现金、转让非现金资产或承担债务方式作为合并对价的,应当在合并日,按照( )作为长期股权投资的初始投资成本。

A. 投出资产的公允价值　　B. 取得被合并方所有者权益公允价值的份额

C. 投出资产的账面价值　　D. 取得被合并方所有者权益账面价值的份额

9. 阳光公司 2012 年 1 月 1 日,以银行存款从银河证券公司购入华能电力公司发行在外的普通股 30%,实际支付价款 1 300 万元,另外支付相关税费 11 万元,同日,华能电力公司可辨认净资产的公允价值为 5 000 万元,所有者权益总额为 4 800 万元。则阳光公司 2012 年 1 月 1 日应确认的当期损益额为( )万元。

A. 129　　B. 140　　C. 189　　D. 200

10. 2011 年 7 月 1 日,兴隆公司向光明公司投资 400 万元,投资比例 10%,按成本法核算,2011 年光明公司实现净利润 500 万元;2012 年 4 月 5 日,光明公司分派 2008 年现金股利 300 万元。则甲公司 2012 年 4 月 5 日应确认的投资收益额为( )万元。

A. -5　　B. 25　　C. 30　　D. 50

11. 2012 年 1 月 1 日,甲公司以货币资金取得乙公司 30% 的股权,初始投资成本为 2 000 万元,投资时乙公司各项可辨认资产、负债的公允价值与其账面价值相同,可辨认净资产公允价值及账面价值的总额均为 7 000 万元,甲公司取得投资后即派人参与乙公司生产经营决策,但无法对乙公司实施控制。乙公司 2012 年实现净利润 400 万元,假定不考虑所得税因素,该项投资对甲公司 2012 年度损益的影响金额为( )万元。

A. 50　　B. 100　　C. 120　　D. 220

(三)负债

1. 借款费用中的专门借款,是指( )。

A. 为购建或者生产符合资本化条件的资产而专门借入的款项

B. 企业发行债券收款

C. 长期借款

D. 技术改造借款

2. 就发行债券的企业而言,所获得的债券溢价收入实质是( )。

A. 为以后少付利息而付出的代价　　B. 为以后多付利息而得到的补偿

C. 为以后少得利息而得到的补偿　　D. 债券发行费用

3. 下列各项中,不属于借款费用的是( )。

A. 借款手续费　　B. 发行公司债券佣金

C. 发行公司股票佣金　　　　　　　　D. 借款利息

4. 如果固定资产的购建活动发生非正常中断，并且中断时间连续超过(　　)，应当暂停借款费用的资本化，将其确认为当期费用，直至资产的购建活动重新开始。

A. 1 年　　　　B. 3 个月　　　　C. 半年　　　　D. 两年

5. 企业以折价方式发行债券时，每期负担的利息费用是(　　)。

A. 按票面利率计算的应计利息减去应摊销的折价

B. 按实际利率计算的应计利息减去应摊销的折价

C. 按实际利率计算的应计利息

D. 按实际利率计算的应计利息加上应摊销的折价

6. 甲企业 2012 年 7 月 1 日发行五年期面值为 100 万元的债券，该债券到期一次还本付息，票面利率 5%，甲企业 2012 年 12 月 31 日应付债券的账面余额为(　　)万元。

A. 100　　　　B. 102.5　　　　C. 105　　　　D. 125

7. 下列各项中不属于非流动负债的是(　　)。

A. 长期借款　　　　B. 应付债券　　　　C. 长期应付款　　　　D. 预付账款

8. 甲公司于 2011 年 1 月 1 日发行 3 年期，每年 1 月 1 日付息，到期一次还本的公司债券，债券面值为 200 万元，票面利率 5%，实际利率 6%，发行价格为 194.65 万元。按实际利率法确定利息费用。该债券 2012 年度确认的利息费用为(　　)万元。

A. 11.78　　　　B. 12　　　　C. 10　　　　D. 11.68

9. 就发行债券的企业而言，所获得的债券折价实质是(　　)。

A. 为以后少付利息而付出的代价　　　　B. 为以后多付利息而得到的补偿

C. 本期利息收入　　　　D. 以后期间利息收入

(四)所有者权益

1. 华泰公司委托证券公司发行股票 1 000 万股，每股面值 1 元，每股发行价 8 元，向证券公司支付佣金 50 万元，该公司应贷记“资本公积——股本溢价”账户的金额为(　　)万元。

A. 6 900　　　　B. 7 050　　　　C. 6 950　　　　D. 7 000

2. 企业所有者权益在数量上等于(　　)。

A. 企业流动负债减长期负债后的差额

B. 企业流动资产减流动负债后的差额

C. 企业流动资产减长期负债后的差额

D. 企业全部资产减全部负债后的差额

3. (　　)是指投资者实际投入企业经营活动的各种财产物资。它是企业所有者权益的主要组成部分。

A. 实收资本　　　　B. 资本公积　　　　C. 盈余公积　　　　D. 未分配利润

4. 股东投入股份有限公司的资本，应通过(　　)账户进行核算。

A. 实收资本　　　　B. 资本公积　　　　C. 盈余公积　　　　D. 股本

5. 股本溢价是指股份有限公司发行股票时，发行价(　　)的部分。

A. 超过股票面值　　　　B. 等于股票面值

C. 低于股票面值　　D. A 和 C

6. 股份有限公司发行股票的溢价收入应计入(　　)。

A. 资本公积　　B. 实收资本　　C. 营业外收入　　D. 盈余公积

7. 资本公积可用于(　　)。

A. 弥补以前年度亏损　　B. 转作盈余公积

C. 分配投资者利润　　D. 转增资本

8. 下列各项中,不属于普通股基本权利的是(　　)。

A. 经营决策权　　B. 要求返还资本权

C. 剩余财产分配权　　D. 利润分配权

9. 股份有限公司溢价发行股票所支付的手续费,应首先(　　)。

A. 在溢价收入中支付　　B. 计入开办费

C. 由发起人负担　　D. 计入财务费用

10. 盈余公积是企业从(　　)中提取的公积金。

A. 销售利润　　B. 营业利润　　C. 利润总额　　D. 税后利润

11. 企业按所得税后利润的 10% 提取的法定盈余公积金达到注册资本的(　　)时可不再提取。

A. 5%　　B. 50%　　C. 30%　　D. 60%

12. 企业的实收资本一般不能随意变动,但按有关规定,(　　)可以转增资本。

A. 盈余公积　　B. 接受捐赠的资产

C. 专项物资　　D. 未分配利润

13. 下列会计事项,会引起所有者权益总额发生变化的是(　　)。

A. 从净利润中提取盈余公积　　B. 用盈余公积补亏

C. 用盈余公积转增资本　　D. 向投资者分配现金股利

14. 有限责任公司在增资时,新的投资者交纳的出资额大于其在注册资本中所占的份额部分,应计入(　　)。

A. 实收资本　　B. 股本　　C. 资本公积　　D. 盈余公积

15. 下列各项中属于从税后利润中形成的所有者权益的有(　　)。

A. 实收资本　　B. 股本　　C. 资本公积　　D. 盈余公积

16. 兴隆公司 2012 年年初未分配利润账户贷方余额为 50 万元,本年度共实现净利润 100 万元。法定盈余公积提取比例为 10%。则该公司 2012 年末应计提法定盈余公积额为(　　)万元。

A. 15　　B. 10　　C. 8　　D. 5

17. 华泰公司 2012 年 1 月 1 日所有者权益构成情况如下:实收资本 1 500 万元,资本公积 100 万元,盈余公积 300 万元,未分配利润 200 万元。2012 年度实现利润总额为 600 万元,企业所得税率为 25%。假定不存在纳税调整事项以及其他因素,则该公司 2012 年 12 月 31 日可供分配利润为(　　)万元。

A. 600　　B. 650　　C. 800　　D. 1 100

二、多项选择题

(一)金融资产

1. 交易性金融资产具有(　　)等特点。

A. 持有时间短　B. 变现能力强　C. 具有获利性　D. 具有控制性

2. 下列各项属于权益性投资的是(　　)。

A. 购买企业债券　B. 购买国库券　C. 购买普通股　D. 购买优先股

3. 企业以现金方式取得交易性金融资产,下列不能作为其成本入账的有(　　)。

A. 支付的税金

B. 支付的手续费

C. 支付的价款中包含的已宣告但尚未领取的现金股利

D. 支付的价款中包含的已到付息期但尚未领取的债券利息

4. 持有至到期投资的特点主要有(　　)。

A. 到期日固定　B. 有明确意图持有至到期

C. 有能力持有至到期　D. 回收金额固定或可确定

5. "持有至到期投资"账户,按持有至到期投资的类别和品种设置二级明细账户。在二级明细账户下,再设置(　　)三级明细账户。

A. 成本　B. 利息调整　C. 应计利息　D. 债券费用

6. 下列各项目中,属于金融资产的有(　　)。

A. 现金　B. 应收票据　C. 应付票据　D. 持有至到期投资

7. 下列项目中可以作为持有至到期投资的项目有(　　)。

A. 以现金购入的3年期国库券,其票面利率6%

B. 以现金购入期限为9个月的企业债券,其票面利率6%

C. 企业购入的普通股

D. 企业购入的优先股

8. 企业的(　　)等资产发生减值的,在确认有减值损失时,应当计提减值准备。

A. 交易性金融资产　B. 持有至到期投资

C. 应收账款　D. 可供出售金融资产

9. 关于金融资产的初始计量,下列说法正确的有(　　)。

A. 交易性金融资产应当按照取得时的公允价值作为初始确认金额;相关的交易费用,在发生时作为"投资收益"入账

B. "持有至到期投资"应当按取得时的公允价值和相关交易费用之和作为初始确认金额

C. 企业取得"可供出售金融资产",应当按取得该金融资产的公允价值和相关交易费用之和作为初始确认金额

D. 可供出售金融资产应当按取得该金融资产的公允价值作为初始确认金额;相关的交易费用,在发生时作为"投资收益"入账

10. 企业计提坏账准备、存货跌价准备、持有至到期投资减值准备等,相关资产的价值

又得以恢复的，应在原已计提的减值准备金额内，按恢复其增值的金额，冲减相关的减值准备。(　　)

A. 坏账准备　　B. 存货跌价准备

C. 持有至到期投资减值准备　　D. 固定资产减值准备

(二)长期股权投资

1. 下列各项中，能引起权益法核算的长期股权投资账面价值发生变动的有(　　)。

A. 被投资企业实现净利润

B. 被投资企业宣告发放股票股利

C. 被投资企业宣告发放现金股利

D. 被投资企业除净损益外的其他所有者权益变动

2. 长期股权投资的范围有(　　)。

A. 对子公司的投资

B. 对合营企业投资

C. 对联营企业投资

D. 对被投资单位不具有共同控制或重大影响，并且在活跃市场中没有报价，公允价值不能可靠计量的权益性投资

3. 企业进行长期股权投资，在股票持有期内被投资单位宣告发放现金股利，企业进行相应的账务处理时，可能涉及的账户有(　　)。

A. 应收股利　　B. 长期股权投资　　C. 投资收益　　D. 公允价值变动损益

4. 用成本法核算长期股权投资的优点包括(　　)。

A. 长期股权投资账户能够真实地反映企业长期股权投资的实际成本

B. 会计账务处理明晰

C. 对投资收益的确认更符合稳健性原则

D. 会计核算方法复杂

5. 权益法的适用范围有(　　)。

A. 投资企业对被投资单位具有共同控制或重大影响的长期股权投资

B. 投资企业能够对被投资单位实施控制的长期股权投资

C. 对联营企业投资

D. 对子公司的投资

6. 投资企业对被投资单位具有实质性控制权的情形有以下几种(　　)。

A. 通过与其他投资协议，投资企业拥有被投资企业40%以上的表决权资本的控制权

B. 根据章程或协议，投资企业有权控制被投资单位的财务和经营政策

C. 有权任免被投资单位董事会等类似权力机构的多数成员

D. 在董事会等类似权力机构会议上有半数以上的投票权

7. 当投资企业直接拥有被投资企业20%或以上至50%的表决权资本时可确认为具有重大影响，但符合下列(　　)情况之一的，也应确认为对被投资单位具有重大影响。

A. 在被投资单位的董事会等类似权力机构中派有代表

B. 参与被投资单位的政策制定过程

C. 向被投资单位派出管理人员

D. 依赖投资企业的技术或技术资料

8. 采用权益法核算时,能够引起长期股权投资账面价值发生增减变动的经济事项有(　　)。

A. 转让长期股权投资　　B. 计提长期股权投资减值准备

C. 被投资企业计提法定盈余公积　　D. 被投资企业宣告分派现金股利

(三)负债

1. 非流动负债的内容主要有(　　)。

A. 长期借款　　B. 应付债券　　C. 长期应付款　　D. 预付账款

2. 债券的发行价格有(　　)。

A. 溢价　　B. 折价　　C. 平价　　D. 平均价

3. "应付债券"科目可以设置的明细账有(　　)。

A. 面值　　B. 应计利息　　C. 利息调整　　D. 本金

4. 对于分期付息、一次还本的债券,企业应于资产负债表日按摊余成本和实际利率计算确定的债券利息,可能借记的会计科目有(　　)。

A. 在建工程　　B. 制造费用　　C. 财务费用　　D. 研发支出

5. 借款费用开始资本化必须同时满足的条件包括(　　)。

A. 资产支出已经发生

B. 借款费用已经发生

C. 工程项目人员工资已经支出

D. 为使资产达到预定可使用或可销售状态所必要的购建或者生产活动已经开始

6. 借款费用包括(　　)。

A. 因借款而发生的利息　　B. 折价或溢价的摊销

C. 因外币借款而发生的汇兑差额　　D. 辅助费用

7. 决定公司债券发行价格的因素有(　　)。

A. 债券面值　　B. 债券票面利率

C. 债券期限和计息次数　　D. 发行债券时的市场利率

8. 下列各项中,符合资本化的资产包括(　　)。

A. 需要经过相当长时间的购建才能达到预定可使用状态的固定资产

B. 需要经过相当长时间的购建才能达到预定可使用状态的投资性房地产

C. 需要经过相当长时间的生产活动才能达到预定可销售状态的存货

D. 需要经过半年的生产活动才能达到预定可销售状态的存货

(四)所有者权益

1. 所有者权益包括(　　)。

A. 实收资本　　B. 资本公积　　C. 股本　　D. 盈余公积　　E. 未分配利润

2. 从税后利润中形成的所有者权益有(　　)。
A. 实收资本　　B. 资本公积
C. 盈余公积　　D. 应付利润
E. 未分配利润
3. 企业实收资本增加的途径主要有(　　)。
A. 投资者投入　　B. 盈余公积转增　　C. 资本公积转增　　D. 银行借入
4. 企业实收资本减少的原因主要有(　　)。
A. 实收资本转增盈余公积　　B. 因资本过剩而减资
C. 实收资本转增资本公积　　D. 因严重亏损而减资
5. 留存收益包括(　　)。
A. 资本公积　　B. 法定盈余公积金　C. 任意盈余公积金　D. 未分配利润
6. 盈余公积的用途包括(　　)。
A. 弥补亏损　　B. 转增资本　　C. 职工集体福利　　D. 分配股利
7. 弥补亏损的途径主要有(　　)。
A. 用实收资本弥补　　B. 用盈余公积弥补
C. 用资本公积弥补　　D. 税前利润弥补
E. 税后利润弥补
8. 下列各项中,能引起盈余公积发生增减变动的有(　　)。
A. 从净利润中提取法定盈余公积　　B. 用法定盈余公积转增资本
C. 用任意盈余公积弥补亏损　　D. 从净利润中提取任意盈余公积
9. 下列各项中,能引起企业实收资本(股本)发生增减变动的有(　　)。
A. 企业原投资者将其所持该企业股权转让给其他投资者
B. 企业增资扩股
C. 企业减少注册资金
D. 企业发放现金股利
10. 投资者可以(　　)向企业投资。
A. 货币资金　　B. 固定资产　　C. 租赁资产　　D. 无形资产
11. "实收资产"账户的贷方登记(　　)。
A. 投资者投入的资本额　　B. 资本公积转增资本数额
C. 投资者收回的资本额　　D. 盈余公积转增资本数额
12. 下列经济业务中,会引起所有者权益总额发生增减变化的是(　　)。
A. 以盈余公积弥补亏损　　B. 以资本公积转增资本
C. 接受投资者投入资产　　D. 宣布发放现金股利

三、判断题

(一)金融资产

1. 股票一般不能作为"持有至到期投资"。　　(　　)

2. 持有至到期投资在持有期间应当按照摊余成本和票面利率计算确认利息收入，计入投资收益。 ( )

3. 债券的溢价和折价购入，是由于债券票面利率与债券发行时的市场利率不一致所产生的。 ( )

4. 以公允价值计量且其变动计入当期损益的金融资产只有“交易性金融资产”。 ( )

5. 按照现行《金融工具确认和计量》准则的规定，企业应当采用实际利率法，按照摊余成本对持有至到期投资进行后续计量。实际利率与票面利率差别较小的，也可按票面利率计算利息收入，计入投资收益。 ( )

6. 实际利率法，是指按照金融资产的实际利率计算其摊余成本及各期利息收入的方法。 ( )

7. 持有至到期投资在持有期间应当按照公允价值计量，公允价值与账面价值之间的差额计入公允价值变动损益。 ( )

8. 处置持有至到期投资时，应当将所取得的价款与该投资账面价值之间的差额计入投资收益。 ( )

(二)长期股权投资

1. 长期股权投资减值准备一经计提，不许转回。 ( )

2. 按照2006年企业会计准则规定，企业对外长期股权投资应当采用权益法进行核算。 ( )

3. 对被投资单位分派的现金股利和股票股利，作为投资方应采取恰当的方法进行账务处理。 ( )

4. 在权益法下，投资企业确认被投资单位发生的净亏损，应当以长期股权投资的账面价值以及其他实质上构成对被投资单位净投资的长期权益减记至零为限，投资企业负有承担额外损失义务的除外。 ( )

5. 被投资单位采用的会计政策及会计期间与投资企业不一致的，应按投资企业的会计政策及会计期间对被投资单位的财务报表进行调整，并据以确认投资损益。 ( )

6. 长期股权投资的初始投资成本大于投资时应享有被投资单位可辨认净资产公允价值份额的，应调整长期股权投资的初始投资成本。 ( )

7. 企业对子公司的投资应当采用权益法进行会计核算。 ( )

8. 在购买日，非同一控制下的企业合并中，购买方为取得对购买方的控制权而放弃的资产、发行的权益性证券，应当按照公允价值计量，公允价值与其账面价值的差额，计入当期损益。 ( )

9. 同一控制下企业合并，合并方以支付现金、转让非现金资产或承担债务方式作为合并对价的，应当在合并日，按照取得被合并方所有者权益公允价值的份额作为长期股权投资的初始投资成本 ( )

10. 当投资企业直接拥有被投资企业20%或以上至50%的表决权资本时可确认为具有重大影响。 ( )

(三)负债

1. 企业举借长期负债必须合理、适度,举借程度应与企业的资本结构和偿债能力相适应。　(　)

2. 对于分期付息债券,若采用实际利率法对公司折价发行的债券摊销,因为债券的账面价值逐期增加,所以折价摊销额也逐期减少或增加。　(　)

3. 企业采用实际利率法对应付债券溢价进行摊销时,应付债券账面价值逐期增加,应负担的利息费用也逐期增加。　(　)

4. 符合资本化条件的资产,只是指需要经过相当长时间的购建才能达到预定可使用状态的固定资产。　(　)

5. 资产支出包括为购建或者生产符合资本化条件的资产而以支付现金、转移非现金资产或者承担带息债务形式发生的支出。　(　)

6. 资本化期间,是指从借款费用开始资本化时点到停止资本化时点的期间,借款费用暂停资本化的期间也包括在内。　(　)

7. 借款费用,是指企业因借款而发生的利息及相关成本。　(　)

8. 借款存在折价或者溢价的,应当按照实际利率法确定每一会计期间应摊销的折价或者溢价金额,调整每期利息金额。　(　)

9. 按照2006年企业会计准则规定:短期借款利息应该是计入"财务费用"账户。　(　)

10. 对分期付息债券,若采取实际利率法对公司折价发行的债券摊销,因为债券的账面价值逐渐增加,所以,折价摊销额也逐期增加。　(　)

(四)所有者权益

1. 由于所有者权益和负债都是对企业资产的要求权,因此两者的性质一致。　(　)

2. 所有者权益与债权人权益相比,具有较大的风险。　(　)

3. 所有者权益是所有者对企业剩余资产的要求权,在企业清算时位于债权人之前。　(　)

4. 股份公司"股本"账户的期末贷方余额,等于股票的发行价与发行股数的乘积。　(　)

5. 作为一般纳税人企业,在接受投资者投入原材料,其可抵扣的增值税进项税额应通过"应交税费——应交增值税(进项税额)"账户单独核算。　(　)

6. 在我国,企业为了筹措资金,也可以折价发行股票。　(　)

7. 企业用资本公积按规定程序转增资本,虽然增加了企业的注册资本,但不改变企业所有者权益的总额。　(　)

8. 投资者投入企业的资金,可能不是全部属于实收资本。　(　)

9. 法定盈余公积主要用于企业职工的各种福利支出。　(　)

10. 企业发行股票时的发行费用应全部记入开办费。　(　)

11. 资本公积的形成与企业净利润无关。　(　)

12. 所有者投入的资本金,在一般情况下不需偿还并可长期使用。 ( )

13. 年度终了,除"未分配利润"明细账户外,"利润分配"账户下的其他明细账户应无余额。 ( )

14. 企业以盈余公积向投资者分配现金股利,不会引起留存收益总额的变动。 ( )

四、岗位核算题

(一)金融资产

Ⅰ. 交易性金融资产的核算

2012 年~2013 年,江明公司发生以下经济业务:

1. 2012 年 9 月 6 日,江明公司开出转账支票 4 000 万元,存入银河证券公司账户,拟购金融资产。

2. 2012 年 9 月 12 日,江明公司委托银河证券公司从上海证券交易所购入 B 上市公司股票 200 万元股,并将其划分为交易性金融资产。该笔股票投资在购买日的公允价值为 2 050 万元(其中有已宣告发放但尚未发放的股利 50 万元),另支付相关交易费用 20 万元,购买股票款及相关交易费用从存出投资款中支付。

3. 2012 年 10 月 31 日,江明公司所购 B 上市公司股票市值 11 元/股。

4. 2012 年 12 月 31 日,江明公司所购 B 上市公司股票市值 9 元/股。

5. 2012 年 5 月 15 日,江明公司将所购 B 上市公司股票 200 万股,以 11.5 元/股出售,扣除交易费用后,剩余款 2 277 万元存入本公司证券账户。

6. 2012 年 1 月 7 日,江明公司委托银河证券公司购入 D 公司发行的公司债券,该笔债券于 2011 年 1 月 1 日发行,期限为 3 年,面值为 200 万元,票面年利率为 6%,债券利息按年支付。江明公司将其划分为交易性金融资产,从存出投资款中支付购买债券价款 211 万元(其中包括已宣告尚未发放的债券利息 12 万元),另支付交易费用 0.4 万元。2012 年 1 月 25 日,江明公司收到该笔债券利息 12 万元。2013 年 1 月 25 日,江明公司收到债券利息12 万元。

要求:根据上述资料编制相关的会计分录。

Ⅱ. 持有至到期投资的核算

兴隆公司发生以下经济业务:

1. 2012 年 1 月 1 日,兴隆公司购入 C 公司当日发行的公司债券,面值为 100 万元,发行价 92.5 万元,交易费用 0.25 万元,债券期限 5 年,票面年利率为 10%,债券按年付息,到期还本。兴隆公司以银行存款支付购买债券款 92.75 万元,并将其划分为持有至到期投资,经计算所购 C 公司债券的实际利率为 12%。假定按年计提利息,并按实际利率法进行利息调整的分摊。

要求:列式计算并编制所投资 F 公司债券的购进、按年计息、利息调整分摊、按年收息以及到期收回本金的会计分录。

2. 2012 年 1 月 3 日,兴隆公司购入 F 公司 2012 年 1 月 1 日发行的公司债券,面值为 100 万元,发行价 94.75 万元,交易费用 0.2 万元,债券期限 3 年,票面年利率为 4%,债券到期一次还本付息。兴隆公司以银行存款支付购买债券款 94.95 万元，并将其划分为持有至到期投资，经计算所购 F 公司债券的实际利率为 5.7%。假定按年计提利息，并按实际利率法进行利息调整的分摊。

要求：列式计算并编制所投资 C 公司债券的购进、按年计息、利息调整分摊以及到期一次收回本息的会计分录。

3. 2012 年 12 月 31 日兴隆公司对持有 E 公司的债券进行减值测试，有足够的证据表明该债券发生了减值，预计该债券未来期间现金流量的现值为 300 万元，而其账面摊余成本为 310 万元。

4. 2012 年 11 月 28 日，由于 G 公司公司债券价格持续下跌，兴隆公司决定将 2011 年 10 月 18 日购入的 G 公司债券全部出售，收取价款 400 万元，该债券原划分为持有至到期投资。出售日，该债券的账面价值 381 万元，其中成本 390 元，利息调整 5 万元（贷方），持有至到期投资减值准备 4 万元。

要求：根据上述资料编制相关的会计分录。

Ⅲ. 金融资产核算实训

◆交易性金融资产实训

【实训目的】 通过实训，使学生熟悉取得交易性金融资产的原始凭证，掌握取得交易性金融资产的会计账务处理方法。

【实训重点】 交易性金融资产原始凭证的识别、制证和登账。

【实训难点】 以现金方式取得交易性金融资产入账价值的计量。

江明公司 2012 年 1 月初交易性金融资产账户余额如下：

交易性金融资产——北京城建股票（成本）200 000.00 元（借方余额）

——北京城建股票（公允价值变动）2 000.00 元（贷方余额）

江明公司 2012 年 1 月份发生以下交易性金融资产业务：

1. 1 月 2 日，开出支票转账 50 万元到银河证券公司第一营业部的资金账户。有关单据见表 4－1、表 4－2。

表 4－1　银河证券公司第一营业部

2012 年 1 月 2 日　　　　资金流水凭条

资金账号	50506618	客　户	江明公司	银行	
发生日期	2009.01.02	流水号	346	币种	人民币
上次余额	100 000.00	本次余额	600 000.00		
发生金额	500 000.00	备注			
发生金额（大写）	伍拾万元整	（银行转讫章略）			

操作柜员：0948　　　审核：马进　　　客户签章：（略）

表 4－2　中国光大银行

现金支票存根

NO5678923

科　　目________

对方科目________

出票日期　2012 年 01 月 02 日

收款人:银河证券第一营业部
金　　额:￥500 000.00
用　　途:存出投资款

单位主管:　　　会计:

2. 1 月 5 日,江明公司购入马钢公司股票 100 000 股,有关单据见表 4－3。

表 4－3　银河证券公司第一营业部

2012 年 01 月 05 日　　人民币　　成交过户交割单　　[买入]

公司代码:5566	申请编号:9882
证券账号:345678	证券名称:马钢
资金账号:750 922	成交数量:100 000
股东名称:江明公司	成交价格:4. 50
申报时间:10:25:3	成交金额:450 000. 00
成交时间:10:26:6	佣 金:4 000. 00
上次余额:600 000. 00	印花税:450. 00
实际收付:－454 451. 00	过户费:1. 00
资金余额:145 549. 00	委托费:0. 00
股票余额:100 000 股	其他费用:0. 00

3. 1 月 15 日,本公司拥有北京城建公司股票 20 000 股,收到北京城建公司按照 10 派 5 分派的现金股利 10 000 元,有关单据见表 4－4。

表 4－4　银河证券公司第一营业部

2012 年 01 月 15 日　　人民币　　成交过户交割单　　[卖出]

公司代码:600467	申请编号:1487
证券账号:345678	证券名称:北京城建
资金账号:750922	成交数量:
股东名称:江明公司	成交价格:
申报时间:	成交金额:10 000
成交时间:09:36:38	佣　金:0.00
上次余额:145 549.00	印花税:0.00
实际收付:10 000	过户费:0.00
资金余额:155 549.00	委托费:0.00
股票余额:20 000 股	其他费用:0.00

4. 1 月 30 日将北京城建股票全部出售,有关单据见表 4 – 5。

表 4 – 5　银河证券公司第一营业部

2012 年 01 月 15 日　　人民币　　成交过户交割单　　[卖出]

公司代码:600467	申请编号:1243
证券账号:345678	证券名称:北京城建
资金账号:750922	成交数量:20 000 股
股东名称:江明公司	成交价格:9.50
申报时间:9:26:10	成交金额:190 000
成交时间:9:30:40	佣金:2 000.00
上次余额:155 390.00	印 花 税:200.00
实际收付:187 799.00	过 户 费:1.00
资金余额:343 189.00	委 托 费:0.00
股票余额:0	其他费用:0.00

根据上述资料,由学生根据准备好的若干张记账凭证和三栏式活页账簿,通过单据审核、编制记账凭证和登记交易性金融资产的明细账户等方式展开。

要求:

1. 根据原始凭证要素,审核有关原始凭证。
2. 根据审核后的原始凭证,编制记账凭证。
3. 登记"交易性金融资产"明细账户,并进行月结。

◆持有至到期投资实训

【实训目的】通过实训,使学生掌握持有至到期投资需要设置的账户、初始投资成本以及后续计量方法、熟悉取得持有至到期投资的原始凭证。

【实训难点】长期债券投资期末计提利息的账务处理,实际利率法的运用。

华夏公司于 2012 年 1 月 1 日以价款 84 136 元从银河证券公司(其中:支付经纪人佣金等附加费用 4 136 元)购入佳能公司 2012 年 1 月 1 日发行的 3 年期、面值 80 000 元、票面年利率 10% 的每年年末付息、到期一次还本公司债券。设该债券投资的实际利率为 8% 。甲企业准备将债券持有至到期。(附单据 1 张)请编制 2012 年 1 月 1 日购入债券、2012 年 12 月 31 日计提利息和溢价摊销的相关会计分录以及到期收回本金及最后一年利息的账务处理。有关单据见表 4 – 6。

表4-6 中国工商银行
转账支票存根

NO5678923
科　　目________
对方科目________
出票日期　2012年01月01日

收款人:银河证券公司
金　　额:￥84 136.00
用　　途:购买佳能公司债券

单位主管:　　　　会计:

2. 华夏公司每年年末计提一次利息。请编制债券利息及利息调整计算表。

3. 2014年12月31日华夏公司收回债券本息,有关单据见表4-7、表4-8。

表4-7 中国工商银行进账单(受理回单) 1

委托日期2014年12月31日　　　　　　N0.4687356

付款人	全　称	银河证券公司	收款人	全　称	华夏公司								
	账号或地址	5554443336		账号或地址	338886677								
	开户银行	工行合肥市支行		开户银行	工行合肥市稻香楼办事处								
人民币(大写)		捌万捌仟元整		百	十	万	千	百	十	元	角	分	
					¥	8	8	0	0	0	0	0	
票据种类	转账支票	用途	债券款										
票据张数	1												
单位主管:万佳　会计:李明　复核:王云　记账:鲁燕				票据专用章									

此联是收款人开户银行交给收款人的收账通知

(注:华源公司、兴隆公司出资收款进账单略。)

表4-8 工商企业资金往来专用发票(副联)

客户名称:华夏公司　　　　日期2014年12月31日　　　　支票号:7896国税

往来项目	单位	数量	单价	千	百	十	万	千	百	十	元	角	分	此发票适用范围
债券利息								8	0	0	0	0	0	本发票由本市的工商企业发生除商品销售,提供加工以外的资金往来时使用,如:预收款、借款等。
小写金额合计							¥	8	0	0	0	0	0	
大写金额	捌仟元整													

开票单位:(盖章)　　　　　　　　开票人:杨媛

根据上述资料，由学生独立地进行账务处理的训练。

要求：

1. 根据原始凭证要素，审核有关原始凭证并编制记账凭证。

2. 请您编制 2012 年～2014 年的债券利息及利息调整分摊计算表（见表 4－9）。

表 4－9　实际利率法下利息及利息调整计算分摊表　　单位：元

时　间	应收利息	利息收入	利息调整数	期末摊余成本
	1	2	3＝1－2	4＝上期末摊余成本－3
合　计				

3. 设置并登记有关持有至到期投资的明细账户。

（二）长期股权投资

Ⅰ. 初始投资的账务处理

华夏公司 2012 年发生以下经济事项：

1. 华夏公司于 11 月 10 日，以银行存款委托银河证券公司购入同一控制下的腾飞公司已宣告但尚未分派现金股利的股票 1 000 000 股作为长期投资，每股面值 1 元，每股买入价为 10. 50 元，其中每股 0. 50 元为已宣告但尚未分派的现金股利；另发生相关税费 10 000 元。所购股票占腾飞公司 25% 的股份，成为腾飞公司第二大股东，购买日腾飞公司所有者权益账面价值 2 000 万元。购买日华夏公司资本公积（股本溢价）账户余额为 700 万元。

2. 华夏公司于 11 月 15 日取得同一控制下豪杰公司 55% 的股权，为与豪杰公司合并，豪杰公司发行了 1 000 万股普通股，每股面值 1 元，每股发行价 2 元，作为合并对价。合并前双方采用相同的会计政策。合并日，华夏公司和豪杰公司的所有者权益构成情况见表 4－10。

表 4－10　华夏公司和豪杰公司的所有者权益构成表

项　目	金　额	
	华夏公司	豪杰公司
股　本	50 000 000	11 000 000
资本公积	20 000 000	5 000 000
盈余公积	9 000 000	3 000 000
未分配利润	6 000 000	1 000 000
合　计	85 000 000	20 000 000

3. 华夏公司于11月20日取得乙公司60%的股权。合并中,华夏公司支付的有关资产,在购买日的账面价值与公允价值见表4-11。合并中,华夏公司为核实乙公司的资产价值,聘请有关机构对该项合并进行咨询,支付咨询费20万元。假定投资与被投资双方不存在任何关联方关系。

表4-11 华夏公司资产在购买日的账面价值与公允价值

项目	账面原值	累计折旧或累计摊销	账面净值	公允价值
固定资产	8 000 000	2 000 000	6 000 000	6 100 000
专利技术	2 400 000	600 000	1 800 000	1 500 000
银行存款	2 200 000		2 200 000	2 200 000
合计			10 000 000	9 800 000

4. 华夏公司于11月12日取得丙公司55%的股权。合并中,华夏公司以支付的有关资产,在购买日的账面价值与公允价值见表4-12。合并中,华夏公司为核实丙公司的资产价值,聘请有关机构对该项合并进行咨询,支付咨询费25万元。假定投资与被投资双方不存在任何关联方关系,用作投资的库存商品的增值税率为17%。

表4-12 华夏公司资产在购买日的账面价值与公允价值

项目	账面原值	累计折旧或累计摊销	账面净值	公允价值
固定资产	65 000 000	2 500 000	4 000 000	4 200 000
库存商品	1 800 000		1 800 000	2 340 000(含增值税)
银行存款	1 500 000		1 500 000	1 500 000
合计			7 300 000	8 040 000

5. 华夏公司于11月22日取得丁公司55%的股权。合并中,华夏公司以固定资产进行投资,在购买日该固定资产的账面原价3 000万元,已提折旧600万元,已计提固定资产减值准备50万元,公允价值2 340万元,其中固定资产增值税340万元可抵扣,不考虑其他相关税费。合并中,华夏公司为核实丁公司的资产价值,聘请有关机构对该项合并进行咨询,支付咨询费10万元。假定投资与被投资双方不存在任何关联方关系。

6. 华夏公司于11月26日,以银行存款购入佳能公司已宣告但尚未分派现金股利的股票100万股,每股面值1元,每股买入价为12.6元,其中每股0.6元为已宣告但尚未分派的现金股利;另外发生相关税费12 000元。所购股票作为长期投资,拥有佳能公司8%的股份。

7. 华夏公司于11月30日,通过增发600万股本公司股票,每股面值1元,每股公允价值6元,以此取得长远公司15%的股权。为增发股票,另发生相关佣金、手续费等50万元。

要求:根据以上资料,编制相关的会计分录。

Ⅱ.成本法

好利来公司2011年4月1日以银行存款600万元,购入甲公司股票100万股,占甲公司全部有表决权股份的 15%。甲公司 2011～2015 年的税后利润及现金股利分派情况见表 4－13。

表 4－13　甲公司 2011～2015 年的税后利润及现金股利分派情况　　单位:万元

年　度	2011	2012	2013	2014	合计
净利润	200	500	300	－50	950
宣派的现金股利	100	400	260	150	910
股利发放宣布日期	2012 年 4 月 18 日	2013 年 4 月 18 日	2014 年 4 月 18 日	2015 年 4 月 18 日	

要求:请根据上述资料列式计算并编制相关的会计分录。

Ⅲ. 权益法

好利来公司发生以下长期股权投资经济事项:

1. 好利来公司于 2012 年 4 月 6 日取得为民公司 30% 的股权,实际支付价款 2 400 万元。取得投资时被投资单位账面所有者权益的构成如下表 4－14 所示(假定该时点被投资单位各项可辨认资产、负债的公允价值于账面价值相同)。

表 4－14　为民公司所有者权益在购买日的账面价值　　单位:万元

项　目	账面价值
实收资本	3 000
资本公积	4 000
盈余公积	1 000
未分配利润	1 000
合　计	9 000

2. 假定投资企业与被投资企业均以公历年度作为会计年度,二者之间采用的会计政策不存在差别,投资时被投资单位各项资产、负债的账面价值与其公允价值相同。为民公司 2011～2015 年的税后利润及现金股利分派情况见表 4－15。

表 4－15　为民公司 2011～2014 年的税后利润及现金股利分派情况　　单位:万元

年　度	2011	2012	2013	2014	合计
净利润	800	1 000	－9 000	800	－6 400
宣派的现金股利	400	2 000	0	0	2 400
股利发放宣布日期	2012 年 5 月 20 日	2013 年 5 月 20 日	2014 年 5 月 20 日		

3. 经查 2013 年末,应收为民公司的长期应收款账面余额为 200 万元。

4. 2014 年,为民公司当期还实现的净利润为 800 万元。

5. 2015 年,为民公司因持有的可供出售金融资产公允价值上升,使"资本公积"增加 200 万元。

要求:请根据上述资料编制相关的会计分录。

Ⅳ. 长期股权投资转让的核算

2012 年 11 月 12 日,远洋公司经协商,将持有的夏利公司的全部股权转让给兴隆公司,转让前远洋公司对股份采用权益法核算,"长期股权投资——夏利公司"明细账户的有关借方余额为"成本"500 万元,"损益调整"为 300 万元,"其他损益变动"为 20 万元;出售时,远洋公司为夏利公司已计提 40 万元减值准备,对夏利公司的投资有记入"资本公积(其他资本公积)"贷方金额 20 万元。远洋公司将持有的夏利公司股票全部出售,收到股权转让款 900 万元全部存入银行。

要求:请根据上述资料编制相关的会计分录。

Ⅴ.权益法实训

【实训目的】通过实训,使学生进一步理解和掌握在权益法下长期股权投资初始入账价值的确认、计量方法,识别原始凭证,掌握权益法下长期股权投资的账务处理方法。

【实训重点】长期股权投资原始凭证的识别、制证和登账。

【实训难点】被投资方所有者权益发生变动的账务处理方法。

江明公司发生下列经济事项:

1. 2012 年 6 月 28 日,开出支票转账 800 万元到银河证券公司第一营业部的资金账户,有关单据见表 4-16、表 4-17。

表 4-16　银河证券公司第一营业部

2012 年 6 月 28 日　　　　资金流水凭条

资金账号	50506618	客　户	江明公司	银行	
发生日期	2012.11.12	流水号	346	币种	人民币
上次余额	100 000.00	本次余额	5 100 000.00		
发生金额	5 000 000.00	备注			
发生金额(大写)	伍佰万元整	(银行转讫章略)			

操作柜员:0834　　　审核:马进　　　客户签章:(略)

表 4-17　中国工商银行

转账支票存根

支票号码 Ⅵ0102456

科　　目________

对方科目________

出票日期　2012 年 06 月 28 日

收款人:银河证券第一营业部
金　　额:¥8 000 000.00
用　　途:存出投资款

单位主管:　　　会计:

2. 2012 年 7 月 1 日,江明公司以存出投资款购入非同一控制下的海洋公司股票800 000 股,占甲公司全部有表决权股份的 30%。有关单据见表 4-18。

表 4－18　银河证券公司第一营业部

2012 年 07 月 01 日　　人民币　　成交过户交割单　　［买入］

公司代码:7788	申请编号:19982
证券账号:345678	证券名称:海洋公司
资金账号:750922	成交数量:800 000
股东名称:江明公司	成交价格:8.00
申报时间:10:25:3	成交金额:6 400 000.00
成交时间:10:26:6	佣　　金:35 000.00
上次余额:8 100 000.00	印花 税:6 500.00
实际收付:－6 441 501.00	过 户 费:1.00
资金余额:1 658 499.00	委 托 费:0.00
股票余额:800 000 股	其他费用:0.00

3. 2012 年 12 月 31 日,海洋公司公告 2012 年度实现净利润 4 000 万元。

4. 2013 年 3 月 9 日,海洋公司公告股东大会决定按照 10 派 6 派发现金股利,本公司仍拥有海洋公司股票 800 000 股。

5. 2013 年 3 月 15 日,本公司仍然拥有海洋公司股票 800 000 股,收到海洋公司按照 10 派 6 派发的现金股利,有关单据见表 4－19。

表 4－19　银河证券公司第一营业部

2013 年 03 月 15 日　　人民币　　成交过户交割单　　［卖出］

公司代码:5566	申请编号:5431
证券账号:345678	证券名称:海洋股票
资金账号:750922	成交数量:
股东名称:江明公司	成交价格:
申报时间:	成交金额:480 000
成交时间:09:36:38	佣　　金:0.00
上次余额:575 499.00	印 花 税:0.00
实际收付:500 000	过 户 费:0.00
资金余额:1 075 499.00	委 托 费:0.00
股票余额:800 000 股	其他费用:0.00

6. 2013 年 12 月 31 日,海洋公司公告 2013 年度发生净亏损为 2 000 万元,2013 年度不分红。本公司仍拥有海洋公司股票 800 000 股。

7. 2014 年 12 月 31 日,海洋公司公告 2014 年度净利润为 1 000 万元;海洋公司股东大会决定按照 10 派 4 派发现金股利,本公司仍拥有海洋公司股票 800 000 股。

8. 2015 年 3 月 10 日,海洋公司公告股东大会决定按照 10 派 4 派发现金股利,本公司仍拥有海洋公司股票 800 000 股。

9. 2015 年 3 月 25 日，本公司拥有海洋公司股票 800 000 股，当日收到海洋公司按照 10 派 4 派发的现金股利，有关单据见表 4－20。

表 4－20　银河证券公司第一营业部

2013 年 03 月 25 日　　人民币　　成交过户交割单　　[卖出]

公司代码:5566	申请编号:6459
证券账号:345678	证券名称:马钢股票
资金账号:750922	成交数量:
股东名称:黄山公司	成交价格:
申报时间:	成交金额:320 000
成交时间:09:36:38	佣 金:0.00
上次余额:645 400.00	印 花 税:0.00
实际收付:320 000.00	过 户 费:0.00
资金余额:965 400.00	委 托 费:0.00
股票余额:800 000 股	其他费用:0.00

要求：

1. 根据原始凭证要素，审核有关原始凭证。
2. 根据审核无误的原始凭证，编制记账凭证。
3. 登记“长期股权投资”明细账户，并进行月结。

(三) 负债

Ⅰ. 短期借款的核算

2012 年 7 月 1 日，佳庆公司向工商银行黄河路支行借入一笔金额为 200 万元的生产经营周转借款，期限为 12 个月，款项已收存银行，借款利息按月预提按季支付。借款合同约定年利率为 6%，该项借款的本金到期一次归还，利息按月预提、按季支付。

要求：编制取得借款和 2012 年第三季度利息预提和按季支付利息的会计分录。

Ⅱ. 长期借款的核算

佳庆公司经批准于 2012 年 1 月 1 日从银行取得专门借款 1 000 万元，期限 3 年，年利率 8%，利息按年支付。该项资金用于新生产车间的建设，新生产车间已于 2012 年 1 月 1 日开工，2012 年底完工并交付使用。企业于 2012 年 1 月 1 日和 7 月 1 日分别支付工程款 600 万元和 400 万元，闲置资金用于固定收益的投资，月收益率 0.5%。

要求：计算 2012 年度应于资本化的利息金额；作出取得借款、借款期间每年年末计息以及到期归还本付息的有关会计分录。

Ⅲ. 应付企业债券的核算

兴隆公司经批准于 2012 年 1 月 1 日发行三年期，面值为 2 000 万元的债券，该债券年利率 5%，每年付息一次，到期还本。该债券发行收入为 2 050 万元，债券实际利率 4.05%。该债券所筹集的资金于 2012 年 1 月 1 日全部用于新生产线的建设，该生产线于 2012 年底完工并交付使用。债券溢折价采用实际利率法摊销，每年 12 月 31 日计提利息。

要求：编制该企业从债券发行到债券到期的全部会计分录。

Ⅳ. 应付债券实训

【实训目标】通过实训，使学生熟悉应付债券业务的有关凭证，熟练掌握应付债券的核算方法。

兴隆公司发生下列部分经济业务：

1. 2011年12月20日，为建造固定资产，经中国人民银行某省分行批准，委托建设银行桐城路分行证券部代理发行企业融资债券。

（1）发行债券的申请报告、申请协助发行债券的报告、债券发行章程及发行债券的信誉评级证书等材料（略）。

（2）代理发行债券协议书，见表4－21。

表4－21　代理发行企业债券协议书

发行债券单位：兴隆公司（甲方）

代理发行债券单位：建设银行桐城路分行证券部（乙方）

为解决甲方因自有资金不足的困难，保证企业生产经营的正常进行，经中国人民银行某市分行批准，发行企业债券面值为贰仟万元（￥20 000 000元），发行价为贰仟零捌拾陆万伍仟肆佰元（￥20 865 400元），期限24个月，债券按年分期付息，到期一次还本，债券利息在每年年末12月31日支付，年票面利率为6%，实际利率为5%；委托乙方采用包销方式代理发行，为明确责任，经双方协商，达成如下协议：

一、甲方为企业债券的债务人，承担债券的全部风险和经济、法律责任，债券的设计、印刷、广告宣传费用由甲方负责，乙方协助办理。

二、乙方为甲方债券发行的代理人，负责债券的保管、发行、兑付、销毁工作，但不承担债券到期不能按时兑付本息的经济责任和法律责任。

三、在债券发行完毕后，甲方向乙方按实际发行额的10‰支付代理发行兑付手续费，债券发行完毕五日内，乙方将全部所销债券资金划到甲方账户上。

四、债券到期七日前，甲方将全部债券本息划到乙方账户。债券到期由乙方一次兑付本金和利息。

五、担保方条款（略）。

六、发行债券筹集的资金，甲方只能按中国人民银行批准的项目用于生产性固定资产仓库的基建，不得挪作他用。

七、本协议一式五份，甲方、乙方各执一份，担保方一份，报送人民银行二份，协议自人民银行批准后生效。

八、甲方应将申请发行企业债券的全套资料各一份，作为协议的附件保送乙方。

发行债券单位 （甲方）印章 法人代表章（甲方）	代理发行单位 （乙方）印章 法人代表章（乙方）
开户行（甲方）： 账号（甲方）： 发行担保单位（印章） 法人代表章（担保方）	开户行（乙方）： 账号（乙方）

2011年12月20日

(3)支付债券设计及广告宣传费。有关原始单据见表4－22、表4－23。

表4－22　劳务(服务)收入发票

开户银行:(略)
账号:(略)

客户:兴隆公司　　　　　2011年12月25日　　　　　№100815

项　目	规格	单位	数量	金额							备注
				万	千	百	十	元	角	分	
债券设计及广告宣传				5	0	0	0	0	0	0	
金额(大写):伍万元整											

第二联:发票联

制票:　　　　　　收款:　　　　　　单位(公章):

表4－23　中国建设银行

转账支票存根

支票号码 XIN00065215

科　　目________

对方科目________

出票日期　2011年12月25日

收款人:×省电视台
金　额:¥50 000.00
用　途:债券设计与宣传

单位主管:　　　　会计:

(4)支付债券印刷费用。有关原始单据见表4－24、表4－25。

表4－24　增值税专用发票

开票日期　2011年12月26日　　　　(税务专用章)　　　　№7662398

购货单位	名称	兴隆公司		纳税人登记号	(略)	
	地址、电话	(略)		开户银行及账户	建设银行123123123	
商品或劳务名称		计量单位	数量	单价	金额	税率%	税额
印债券		张	40 000	0.5	20 000.00	17	3 400.00
合计					20 000.00		3 400.00
价税合计(大写)		×佰　×拾贰万叁仟肆佰零拾零元零角零分　　¥23 400.00					
销货单位	名称	某印刷厂		纳税人登记号	(略)	
	(略)	地址、电话		(略)	开户银行及账户	

第二联:发票联

收款员　　　　　　　　　　　　开票单位

表 4－25 中国建设银行

转账支票存根

支票号码 XIN00065216

科　　目＿＿＿＿

对方科目＿＿＿＿

出票日期　2011 年 12 月 26 日

收款人:某印刷厂
金　　额:¥23 400.00
用　　途:债券印刷费

单位主管:　　　　会计:

(5)2012 年 1 月 1 日建行转来债券款。有关原始单据见表 4－26。

表 4－26 中国建设银行特种转账贷方凭证

2012 年 01 月 01 日　　　　№ 4531109

<table>
<tr><td rowspan="3">付款人</td><td>全　称</td><td colspan="2">市建行</td><td rowspan="3">收款人</td><td colspan="2">全　称</td><td colspan="9">兴隆公司</td></tr>
<tr><td>账号或地址</td><td colspan="2">(略)</td><td colspan="2">账号或地址</td><td colspan="9">123123123</td></tr>
<tr><td>开户银行</td><td colspan="2">(略)</td><td colspan="2">开户银行</td><td colspan="5">建设银行</td><td colspan="4">行号</td></tr>
<tr><td rowspan="2">金额</td><td colspan="3" rowspan="2">人民币(大写)贰仟零捌拾陆万伍仟肆佰元整</td><td></td><td>千</td><td>百</td><td>十</td><td>万</td><td>千</td><td>百</td><td>十</td><td>元</td><td>角</td><td>分</td></tr>
<tr><td>¥</td><td>2</td><td>0</td><td>8</td><td>6</td><td>5</td><td>4</td><td>0</td><td>0</td><td>0</td><td>0</td></tr>
<tr><td>原凭证金额原凭证名称</td><td></td><td>赔偿金号码</td><td></td><td colspan="12" rowspan="2">科　　目(贷):＿＿＿＿
对方科目(借):＿＿＿＿
事后监督
复核　　　　记账</td></tr>
<tr><td>转账原因</td><td>债券款</td><td colspan="2">银行盖章</td></tr>
</table>

(6)假定发行费用等于发行期间冻结资金所产生的利息收入,公司不用单独支付代理发行债券手续费。

2. 2012 年 12 月 31 日,假定实际利率为 5%,请采用实际利率法和摊余成本按年计算确定利息费用并分摊利息调整数。假定发行的债券款自收到之日一次性全部投入仓库建设,该仓库于 2012 年 12 月 31 日竣工。有关原始单据见表 4－27。

表 4－27 应付债券利息费用计算表

2012 年 12 月 31 日

付息日期	应支付利息	利息费用	摊销的利息调整数	应付债券摊余成本

审核:　　　　制表:

3. 2013 年 12 月 31 日，按照实际利率法计提本年度应付债券利息。有关原始单据见表 4－28。

表 4－28　应付债券利息费用计算表

2013 年 12 月 31 日

付息日期	应支付利息	利息费用	摊销的利息调整数	应付债券摊余成本

4. 2013 年 12 月 31 日，2012 年 01 月 01 日发行的债券到期，公司按协议规定从光大银行将将债券本金以及 2013 年的应付利息划转给建设银行。有关原始单据见表 4－29。

表 4－29　中国光大银行转账支票

中国光大银行
转账支票存根

GO
02

科　　目 __________
对方科目 __________
出票日期　年　月　日

收款人：
金　额：
用　途：

单位主管　　会计

本支票付款期限十天

中国光大银行转账支票　　3383473

出票日期（大写）　　年　月　日　　付款行名称：
收款人：　　出票人账号：

人民币（大写）	亿	千	百	十	万	千	百	十	元	角	分

用途________
上列款项请从我账户内支付。
出票人签章

科目（借）………………
对方科目（贷）…………
转账日期　　年　月　日
复核　　　　记账

要求：

1. 审核原始凭证的正确性与完整性，计算债券利息，并填列空表中相关项目；
2. 根据原始凭证编制记账凭证。
3. 假定“应付债券”账户期初无余额，请设置并登记“应付债券”总账和明细账。

(四)所有者权益

Ⅰ. 资本核算

佳能有限责任公司发生下列经济业务：

1. 2011 年 9 月 1 日，大华公司、黄河公司、兴隆公司三家分别出资 300 万元、600 万元、600 万元设立佳能有限责任公司，公司注册资本为 1 500 万元，现分别收到三公司投入的货币资金，已存入银行。

2. 2013 年 1 月 1 日，佳能公司因扩大经营规模需要，经批准，将法定盈余公积 100 万元元转增实收资本，分别按三个投资者的投资比例转增资本。

要求：根据上述资料编制相关会计分录。

Ⅱ. 利润分配的核算

兴隆公司发生下列业务：

1. 2011 年 11 月 1 日，兴隆公司现有五年以上的未弥补亏损 80 万元，经股东大会批准，决定用以前提取的任意盈余公积弥补该亏损。

2. 2013 年 12 月 31 日，兴隆公司本年实现的净利润为 700 万元，年初未分配利润为借方余额 100 万元，系 2012 年发生的亏损。经股东大会批准，兴隆公司 2013 年的利润分配方案为：按当年净利润的 10% 和 5% 提取法定盈余公积、任意盈余公积；向投资者分配现金股利 300 万元。

要求：

1. 结转本年利润。
2. 编制兴隆公司利润分配相关的会计分录。
3. 计算确定 2013 年末“利润分配——未分配利润”账户余额。

Ⅲ. 接受投资核算

长实公司 2012 年 11 月发生了以下列经济业务：

1. 长实公司接受兴化公司投资，增资后长实公司注册资本为 1 000 万元，兴化公司占注册资本的 30%。2012 年 11 月兴化公司分别投入设备 2 台、原材料一批、非专利技术一项及货币资金 200 万元。有关原始单据见表 4 – 30 至表 4 – 36。

表 4 – 30 固定资产交接单

2012 年 11 月 15 日　　单位：元

投资单位：兴化公司				接受单位：长实公司		
名称及型号	单位	数量	原始价值	已提折旧	净值	预计使用年限
设备	台	2	500 000	40 000	460 000	10 年
协议价格					450 000	
兴化公司（盖章）				长实公司（盖章）		

表 4 – 31 资产评估报告书

2012 年 11 月 15 日

依据《国有资产评估管理办法》，对贵公司的固定资产——设备按现行市价进行评估，评估前账面原价为 500 000 元，账面净值 460 000 元，评估后确认价值为 450 000 元，减值 10 000 元。

评估员：张青奋
中国注册会计师：李铸才

南京市中信会计师事务所（盖章）

表 4－32　安徽省增值税专用发票

3405678965　　（税务专用章）　　№ 04567899

发　票　联　　开票日期:2012 年 11 月 15 日

<table>
<tr><td rowspan="2">购货单位</td><td colspan="4">名　　称:长实公司
纳税人识别号:3300000012345678
地 址、电 话:南京市中青路 6 号　3768241
开户行及账号:工行池州分行中青路分理处 130000300121234</td><td>密码区</td><td colspan="3">1＋＋9/42152＊＋129＊864＞ 加密版本:01
56 － ＜ 7503 ＊ ＜ 1 ＞ ＊/＜ 3 ＜ ＋ 80
3405678965
2＋＜＜56894588＞＞＊＊＜2569　4567－
33/65＋5012＊/＞＞32　04567899</td></tr>
<tr></tr>
<tr><td colspan="2">货物或应税劳务名称</td><td>规格型号</td><td>单位</td><td>数量</td><td>单价</td><td>金额</td><td>税率</td><td>税额</td></tr>
<tr><td colspan="2">B 材料</td><td></td><td>吨</td><td>1 000</td><td>200.00</td><td>200 000.00</td><td>17%</td><td>34 000.00</td></tr>
<tr><td colspan="2">合　　计</td><td></td><td></td><td></td><td></td><td>￥200 000.00</td><td></td><td>￥34 000.00</td></tr>
<tr><td colspan="2">价税合计(大写)</td><td colspan="7">贰拾叁万肆仟元整　　　　(小写)￥234 000.00</td></tr>
<tr><td>销货单位</td><td colspan="4">名　　称:兴化公司
纳税人识别号:330123456789012
地 址、电 话:南京市育英路 11 号 3352368
开户行及账号:工行育英路支行 10034563295l234</td><td>备注</td><td colspan="3"></td></tr>
</table>

第二联：发票联　购货方记账凭证

收款人:贾英　　复核:陈真　　开票人:帅天　　销货单位:(盖章)

表 4－33　材料入库单

材料科目:原材料　　2012 年 11 月 16 日　　No1000567

材料类别:原料及主要材料　　供应单位:兴化公司

发票号码:04567899　　收料仓库:1

<table>
<tr><td rowspan="3">材料名称</td><td rowspan="3">计量单位</td><td colspan="2">数　量</td><td colspan="6">实　际　成　本</td><td rowspan="3">备注</td></tr>
<tr><td rowspan="2">应收</td><td rowspan="2">实收</td><td colspan="2">买价</td><td rowspan="2">运杂费</td><td rowspan="2">其他</td><td rowspan="2">合计</td><td rowspan="2">单位成本</td></tr>
<tr><td>200.00</td><td>200 000.00</td></tr>
<tr><td>B 材料</td><td>吨</td><td>1 000</td><td>1 000</td><td>200.00</td><td>200 000.00</td><td></td><td></td><td>200 000.00</td><td>1 000.00</td><td></td></tr>
</table>

记账:李诗诗　　收料:刘智巧　　制单:周彤

表 4－34　资产评估报告书

2012 年 11 月 15 日

依据《国有资产评估管理办法》，对贵公司的无形资产－非专利技术按现行市价进行评估，评估前账面价值为 380 000元，评估后确认价值为 400 000 元，增值 20 000 元。

评估员:张青奋

中国注册会计师:李铸才　　南京市中信会计师事务所(盖章)

表 4－35　无形资产投资转移单　　单位:元

接受单位:长实公司

投资单位:兴化公司　　2012 年 11 月 15 日

转移原因	对外投资	评估价值	400 000.00
资产名称	非专利技术	账面价值	380 000.00
投出单位:兴化公司		接受单位:长实公司	
董事长:王重天		董事长:胡冲	

表 4－36　中国工商银行电汇凭证(收账通知)　　单位:元

□普通　　□加急　　委托日期　2012 年 11 月 15 日　　№ 4531109

汇款人	全　称	兴化公司	收款人	全　称	长实公司
	账号或地址	100345632951234		账号或地址	3300000012345678
	开户银行	石台市育英路 11 号		汇入地点	池州市中青路 6 号
汇出行名称		工行育英路支行	汇入行名称		工行池州分行中青路分理处

金额	人民币（大写）贰佰万元整	亿	千	百	十	万	千	百	十	元	角	分
			¥	2	0	0	0	0	0	0	0	0

汇出行签章	支付密码
	附加信息及用途:投资款 复核　　记账

要求:审核上述原始单据并编制相关的记账凭证。

Ⅳ. 缩减资本的实训

2012 年 11 月份,鸿兴公司因经营方针变化,收缩经营规模,经批准通过收购本公司股票减少普通股股本 100 万元(减少 100 万股,每股面值 1 元),现以每股 2.8 元收回。该公司现“资本公积——股本溢价”账户贷方余额为 1 000 000 元,“盈余公积”账户贷方余额为 700 000元,“利润分配——未分配利润”账户贷方余额为 800 000 元。有关原始单据见表 4－37至表 4－40。

表 4－37　中国工商银行

转账支票存根

支票号码 XIN00000362

附加信息:

出票日期:2012 年 11 月 18 日

收款人:鸿兴股份有限公司
金　额:¥2 900 000.00
用　途:购买股票

表 4－38　中国建设银行联网业务入账通知　　单位:元

汇款人	全　称	鸿兴股份有限公司	收款人	全　称	鸿兴股份有限公司
	账号或地址	130924300120857		账号或地址	313004213654852
	开户银行	工行合肥分行光复支行		汇入地点	中国建行合肥跃进支行
金额:(大写)贰佰玖拾万元整		(小写)￥2 900 000.00			
原始凭证种类:		0701	上列款项已经贷记你单位账户。		
原始凭证号码:		00000362	跟单信息:N 机构号:440688652		
摘要:		证券交易款			

表 4－39　银河证券中央登记结算公司

2012－11－19　　成交过户交割单　　(买)

股东编号 电脑编号 公司名称	A0112251234 12036 鸿兴股份有限公司	成交证券 成交数量 成交价格	鸿兴股票 1 000 000 2.80
申报编号 申报时间 成交时间	0000431 11:00:00 11:00:00	成交金额 佣　金 过户费	2 800 000.00 5 600.00 10 000.00
上次余额 本次成交 本次余额 本次库存	0(手) 10 000(手) 10 000(手) 10 000(手)	印花税 应付金额 附加费用 实收金额	2 800.00 2 818 400.00 2 818 400.00

③通知联

经办单位:银河证券营业部　　客户签章:鸿兴股份有限公司

表 4－40　银河证券营业部

(买)　银河证券营业部　№045897　　合同序号：0006987

委　托　书

资金账号：××××××××××

证券账号：××××××××××

委托人：鸿兴股份公司 2008 年 11 月 19 日上午 11 时整

证券名称	股数与面额	限价	有效时间	附注
鸿兴股票	1 000 000 股	股/2.8 元	1 天	
场内成交单号码				

委托方式	
电话	
电报	
书信	
当面委托	
划款方式	
自动划账	
当面签收	

营业员签章：　　委托人签章：

注意：1.未填明（限价）者视为市价委托。　4.书面或电报委托者应粘附函电。
2.未填明（有效期限）者视为当日有效。5.买卖如未成交，委托书应保存。
3.委托方式应予标明。

(1)

要求:审核上述原始凭证,编制与股票回购和注销相关的记账凭证。

【参考答案】

一、单项选择题

（一）金融资产

1. A　2. A　3. A　4. B　5. B　6. D　7. A　8. A　9. D　10. A　11. A　12. B　13. C

（二）长期股权投资

1. C　2. A　3. A　4. C　5. C　6. D　7. B　8. D　9. C　10. C　11. D

（三）负债

1. A　2. B　3. C　4. B　5. C　6. B　7. D　8. A　9. A

（四）所有者权益

1. C　2. D　3. A　4. D　5. A　6. A　7. D　8. B　9. A　10. D　11. B　12. A　13. D　14. C　15. D　16. B　17. B

二、多项选择题

（一）金融资产

1. ABC　2. CD　3. ABCD　4. ABCD　5. ABC　6. ABD　7. AB　8. BCD　9. ABC　10. ABC

（二）长期股权投资

1. ACD　2. ABCD　3. ABC　4. ABC　5. AC　6. BCD　7. ABCD　8. ABD

（三）负债

1. ABC　2. ABC　3. ABC　4ABCD　5. ABD　6. ABCD　7. ABCD　8. ABC

（四）所有者权益

1. ABCDE　2. CE　3. ABC　4. BD　5. BCD　6. ABD　7. BCDE　8. ABCD　9. BC　10. ABD　11. ABD　12. CD

三、判断题答案

（一）金融资产

1. √　2. ×　3. √　4. ×　5. √　6. √　7. ×　8. √

（二）长期股权投资

1. √　2. ×　3. ×　4. √　5. √　6. ×　7. ×　8. √　9. ×　10. √

（三）负债

1. √　2. ×　3. ×　4. ×　5. √　6. ×　7. √　8. √　9. ×　10. √

(四)所有者权益

1. × 2. √ 3. × 4. × 5. √ 6. × 7. √ 8. √ 9. × 10. × 11. √ 12. √ 13. √ 14. ×

四、岗位核算题

(一)金融资产

Ⅰ.交易性金融资产的核算

1. 借:其他货币资金——存出投资款 40 000 000
    贷:银行存款 40 000 000
2. 借:交易性金融资产——B公司股票(成本) 20 000 000
    应收股利——B公司 500 000
    投资收益 200 000
    贷:其他货币资金——存出投资款 20 700 000
3. 借:交易性金融资产——B公司债券(公允价值变动) 2 000 000
    贷:公允价值变动损益 2 000000
4. 借:公允价值变动损益 4 000000
    贷:交易性金融资产——B公司债券(公允价值变动) 4 000 000
5. 借:其他货币资金——存出投资款 22 770 000
    贷:交易性金融资产——B公司债券(成本) 20 000 000
    ——B公司债券(公允价值变动) 2 000 000
    投资收益 770 000

同时,将已确认的公允价值变动损益转出:

借:投资收益 2 000 000
    贷:公允价值变动损益 2 000 000

6. (1)借:交易性金融资产——D公司债券(成本) 1 990 000
    应收利息——D公司 120 000
    投资收益 4 000
    贷:其他货币资金——存出投资款 2 114 000

(2)借:应收利息——D公司 120 000
    贷:投资收益 120 000

(3)借:银行存款 120 000
    贷:应收利息——D公司 120 000

Ⅱ.持有至到期投资的核算

1. (1)借:持有至到期投资——C公司债券(成本) 1 000 000
    贷:银行存款 927 500
    持有至到期投资——C公司债券(利息调整) 72 500

(2)编制利息及利息调整计算分摊表,见表4-41。

表4-41 实际利率法下利息及利息调整计算分摊表 单位:元

时 间	应收利息(10%)	利息收入(12%)	利息调整数	期末摊余成本
	1	2	3=2-1	4=上期末摊余成本+3
12.1.1				927 500
12.12.31	100 000	111 300	11 300	938 800
13.12.31	100 000	112 656	12 656	951 456
14.12.31	100 000	114 174.72	14 174.72	965 630.72
15.12.31	100 000	115 875.69	15 875.69	981 506.41
16,12.31	100 000	118 493.59	18 493.59(尾差)	1 000 000
合 计	500 000	572 500	72 500	

(3)2012年12月31日,计提应收利息和确认利息收入:

借:应收利息——C公司 100 000

  持有至到期投资——C公司债券(利息调整) 11 300

  贷:投资收益 111 300

收到利息时:

借:银行存款 100 000

  贷:应收利息——C公司 100 000

(4)2013年~2015年,各年年末计算应收利息和确认利息收入的分录形式同(3)

(5)到期收回本金的会计分录:

2016年12月31日,计提应收利息和确认利息收入时:

借:应收利息——C公司 100 000.00

  持有至到期投资——C公司债券(利息调整) 18 493.59

  贷:投资收益 118 493.59

到期收回本金和2016年的利息时:

借:银行存款 1 100 000

  贷:持有至到期投资——C公司债券(成本) 1 000 000

    应收利息——C公司 100 000

2.(1)借:持有至到期投资——F公司债券(成本) 1 000 000

    贷:持有至到期投资——F公司债券(利息调整) 50 500

      银行存款 949 500

(2)编制利息及利息调整计算分摊表,见表4-42。

表 4－42　实际利率法下利息及利息调整计算分摊表　单位:元

时　间	应收利息(4%)	利息收入(5.7%)	利息调整数	期末摊余成本
	1	2	3＝2－1	4＝上期末摊余成本＋2
12.1.1				949 500
12.12.31	40 000	54 121.50	14 121.50	1 003 621.50
13.12.31	40 000	57 206.43	17 206.43	1 060 827.93
14.12.31	40 000	59 172.07	19 172.07(尾差)	1 120 000
合　计	120 000	170 500	50 500	

(3)2012 年 12 月 31 日,计提应收利息和确认利息收入:

借:持有至到期投资——C 公司债券(应计利息)　40 000
　　　　——C 公司债券(利息调整)　14 121.50
　贷:投资收益　54 121.50

之后收到利息时:

借:银行存款　40 000
　贷:应收利息——C 公司　40 000

(4)2013 年 12 月 31 日,计提应收利息和确认利息收入:

借:持有至到期投资——C 公司债券(应计利息)　40 000
　　　　——C 公司债券(利息调整)　17 206.43
　贷:投资收益　57 206.43

收到利息时:

借:银行存款　40 000
　贷:应收利息——C 公司　40 000

(5)到期收回本金的会计分录:

2014 年 12 月 31 日,计提应收利息和确认利息收入时:

借:持有至到期投资——C 公司债券(应计利息)　40 000
　　　　——C 公司债券(利息调整)　19 172.07
　贷:投资收益　59 172.07

到期收回本息时:

借:银行存款　1 120 000
　贷:持有至到期投资——C 公司债券(成本)　1 000 000
　　　　——C 公司债券(应计利息)　120 000

3. 借:资产减值损失——持有至到期投资减值损失　100 000
　　贷:持有至到期投资减值准备　100 000

4. 借:银行存款　4 000 000
　　持有至到期投资——G 公司债券(利息调整)　50 000
　　持有至到期投资减值准备　40 000

贷:持有至到期投资——G 公司债券(成本) 3 900 000

投资收益 190 000

Ⅱ.金融资产核算实训(略)

(二)长期股权投资

Ⅰ.初始投资的账务处理

1. 华夏公司拥有腾飞公司所有者权益的份额 = 20 000 000 × 25% = 5 000 000(元)

借:长期股权投资——腾飞公司 5 000 000

资本公积——股本溢价 5 010 000

应收股利——腾飞公司 500 000

贷:银行存款 10 510 000

2. 华夏公司拥有豪杰公司所有者权益的份额 = 20 000 000 × 55% = 11 000 000(元)

借:长期股权投资——豪杰公司 11 000 000

贷:股本——豪杰公司 10 000 000

资本公积 1 000 000

3. 借:长期股权投资 10 000 000

累计折旧 2 000 000

累计摊销 600 000

营业外支出 200 000

贷:固定资产 8 000 000

无形资产 2 400 000

银行存款 2 400 000

4. 借:长期股权投资 8 290 000

累计折旧 2 500 000

贷:固定资产 6 500 000

主营业务收入 2 000 000

应交税费——应交增值税(销项税额) 340 000

银行存款 1 750 000

营业外收入 200 000

同时结转库存商品的成本:

借:主营业务成本 1 800 000

贷:库存商品 1 800 000

5. 借:长期股权投资 23 500 000

累计折旧 6 000 000

固定资产减值准备 500 000

营业外支出 3 500 000

贷:固定资产 30 000 000

应交税费——应交增值税(销项税额) 3 400 000

银行存款 100 000

6. 借:长期股权投资——佳能公司股票 12 012 000
 应收股利——佳能公司 600 000
 贷:银行存款 12 612 000

7. 借:长期股权投资——长远公司股票 30 500 000
 贷:股本——长远公司 6 000 000
 资本公积 24 500 000

Ⅱ. 成本法

(1)2011 年 4 月 1 日投资时,会计分录为:

借:长期股权投资——甲公司(成本) 6 000 000
 贷:银行存款 6 000 000

(2)2012 年 4 月 18 日,甲公司首次宣告发放 2011 年度的现金股利时

借:应收股利——甲公司 150 000
 贷:投资收益 150 000

(3)2013 年 4 月 18 日,甲公司宣告发放现金股利时

借:应收股利——甲公司 600 000
 贷:投资收益——股利收入 600 000

(3)2014 年 4 月 18 日甲公司宣告发放现金股利时

借:应收股利——甲公司 390 000
 贷:投资收益 390 000

(4)2015 年 4 月 18 日甲公司宣告发放现金股利时

借:应收股利——甲公司 225 000
 贷:投资收益 225 000

Ⅲ. 权益法

1. 好利来公司应享有的所有者权益的份额 = 9 000 × 30% = 2 700(万元)

差额 = 2 700 - 2 400 = 300 万元

因为:长期股权投资的初始投资成本 < 投资时应享有被投资单位可辨认净资产公允价值份额;其会计分录为:

借:长期股权投资——为民公司(成本) 27 000 000
 贷:银行存款 24 000 000
 营业外收入 3 000 000

2. 2011 年为民公司实现净利润时:

借:长期股权投资——为民公司(损益调整) 2 400 000
 贷:投资收益 2 400 000

2012 年 5 月 20 日收到现金股利时:

借:银行存款 1 200 000
 贷:长期股权投资——为民公司(损益调整) 1 200 000

2012 年为民公司实现净利润时：
借：长期股权投资——为民公司(损益调整)　　3 000 000
　贷：投资收益　　3 000 000
2013 年 5 月 20 日收到现金股利时：
借：银行存款　　6 000 000
　贷：长期股权投资——为民公司(损益调整)　　6 000 000
3. 2013 年末长期股权投资账面价值为 2520 万元
经查 2013 年末，应收为民公司的长期应收款账面余额为 200 万元
2013 年为民公司亏损时：
借：投资损益　　27 000 000
　　贷：长期股权投资——为民公司(损益调整)　　25 200 000
　　　长期应收款　　1 800 000
4. 2014 年，为民公司当期还实现的净利润为 800 万元时：
借：长期应收款　　1 800 000
　长期股权投资——为民公司(损益调整)　　600 000
　贷：投资收益　　2 400 000
5. 2015 年，为民公司因持有的可供出售金融资产公允价值上升，使"资本公积"增加 200 万元。
借：长期股权投资——为民公司(其他权益变动)　　600 000
　贷：资本公积——其他资本公积　　600 000

Ⅳ. 长期股权投资转让的核算

借：银行存款　　9 000 000
　长期股权投资减值准备　　400 000
　贷：长期股权投资——夏利公司(成本)　　5 000 000
　　　　——夏利公司(损益调整)　　3 000 000
　　　　——夏利公司(其他损益变动)　　200 000
　　投资收益　　1 200 000
同时：
借：资本公积——其他资本公积　　200 000
　贷：投资收益　　200 000

Ⅴ. (答案略)

(三) 负债

Ⅰ. 短期借款的核算

1. 取得借款时：
借：银行存款——工商银行黄河路支行　　2 000 000
　贷：短期借款——生产经营周转借款　　2 000 000
2. 2012 年 7 月 30 日，预提 7 月份短期借款利息时：
7 月份短期借款利息额 = 2 000 000 × 1 × 6% / 12 = 10 000(元)

借:财务费用——利息　10 000

　贷:应付利息——工商银行黄河路支行　10 000

3. 2012 年 8 月 31 日,预提 8 月份短期借款利息时:

借:财务费用——利息　10 000

　贷:应付利息——工商银行黄河路支行　10 000

4. 2012 年 9 月 30 日,支付本季度短期借款利息时:

借:财务费用——利息　10 000

　应付利息——工商银行黄河路支行　20 000

　贷:银行存款——工商银行黄河路支行　30 000

Ⅱ. 长期借款的核算

1. 借:银行存款　10 000 000

　贷:长期借款　10 000 000

2. 计算 2012 年度应于资本化的利息金额

2012 年专门借款发生的利息金额 = 1 000 × 8% = 80(万元)

2012 年短期投资收益 = 400 × 0.5% × 6 = 12(万元)

2012 年利息资本化金额 = 80 - 12 = 68(万元)

会计分录:

借:在建工程——新生产车间　680 000

　应收利息(或银行存款)　120 000

　贷:应付利息——光大银行长江路支行　800 000

3. 2013 年专门借款发生的利息金额 80 万元全部作为费用化利息。

借:财务费用——利息　800 000

　贷:应付利息——光大银行长江路支行　800 000

4. 2014 年专门借款发生的利息金额 80 万元全部作为费用化利息:

借:财务费用——利息　800 000

　贷:应付利息——光大银行长江路支行　800 000

5. 到期归还本付息时:

借:长期借款　10 000 000

　应付利息——光大银行长江路支行　2 400 000

　贷:银行存款　12 400 000

Ⅲ. 应付企业债券的核算

1. 2012 年 1 月 1 日发行债券

借:银行存款　20 500 000

　贷:应付债券——面值　20 000 000

　　　　——利息调整　500 000

2. 按实际利率法和摊余成本计算并编制利息费用计算表(见表 4 - 43)。

表 4－43　利息费用计算表（实际利率法）　　单位：元

付息日期	应付利息（5%）	利息费用（4.05%）	摊销利息调整	应付债券摊余成本
	a	b	c＝b－a	d＝期初 d－c
2012 年 1 月 1 日				20 500 000
2012 年 12 月 31 日	1 000 000	830 250	169 750	20 330 250
2013 年 12 月 31 日	1 000 000	823 375.13	176 624.87	20 153 625.13
2014 年 12 月 31 日	1 000 000	846 374.87	153 625.13	20 000 000
合　计	3 000 000		500 000	

3. 2012 年 12 月 31 日确认利息费用

借：在建工程——新生产线　830 250

　应付债券——利息调整　169 750

　贷：应付利息　1 000 000

实际支付利息时：

借：应付利息　1 000 000

　贷：银行存款　1 000 000

4. 2013 年 12 月 31 日确认利息费用

借：财务费用　823 375.13

　应付债券——利息调整　176 624.87

　贷：应付利息　1 000 000.00

实际支付利息时：

借：应付利息　1 000 000

　贷：银行存款　1 000 000

5. 2014 年 12 月 31 日确认利息费用

借：财务费用　846 374.87

　应付债券——利息调整　153 625.13

　贷：应付利息　1 000 000.00

6. 实际还本和支付 2014 年应付利息时：

借：应付利息　1 000 000

　应付债券——面值　20 000 000

　贷：银行存款　21 000 000

（四）所有者权益

Ⅰ. 资本核算

佳能有限责任公司发生下列经济业务：

1. 借：银行存款　15 000 000

贷:实收资本——大华公司　3 000 000
——黄河公司　6 000 000
——兴隆公司　6 000 000

2. 借:盈余公积——法定盈余公积　1 000 000
贷:实收资本——大华公司　200 000
——黄河公司　400 000
——兴隆公司　400 000

Ⅱ. 利润分配的核算

兴隆公司发生下列业务:

1. 借:盈余公积——任意盈余公积　800 000
贷:利润分配——盈余公积补亏　800 000

2. (1)将本年利润结转利润分配账户

借:本年利润　7 000 000
贷:利润分配——未分配利润　7 000 000

(2)提取盈余公积

借:利润分配——提取法定盈余公积　700 000
——提取任意盈余公积　350 000
贷:盈余公积——法定盈余公积　700 000
——任意盈余公积　350 000

(3)分配现金股利

借:利润分配——应付股利　3 000 000
贷:应付股利　3 000 000

(4)借:利润分配——未分配利润　4 050 000
贷:利润分配——提取法定盈余公积　700 000
——提取任意盈余公积　350 000
——应付股利　3 000 000

(5)“利润分配——未分配利润”账户余额 = 700 - 100 - (70 + 35 + 300) = 195(万元)

Ⅲ. 接受投资核算

借:银行存款　2 000 000
固定资产——设备　450 000
原材料　200 000
应交税费——应交增值税(进项税额)　34 000
无形资产　400 000
贷:股本——兴化公司　3 000 000
资本公积——股本溢价　84 000

Ⅳ. 缩减资本的实训

1. 借:其他货币资金——存出投资款　2 900 000

贷:银行存款　　2 900 000

2. 股票回购时:

借:库存股　　2 818 400

贷:其他货币资金——存出投资款　　2 818 400

3. 注销回购股票时:

借:股本　　1 000 000

资本公积——股本溢价　　1 000 000

盈余公积　　700 000

利润分配　　118 400

贷:库存股　　2 818 400

岗位五　职工薪酬岗位会计实务

一、单项选择题

1. 某公司向职工发放自产的加湿器作为福利，该产品的成本为每台150元，该公司共有职工500人，计税价格为200元，增值税税率为17%，该公司应付职工薪酬的金额为(　　)元。

A. 117 000　　B. 75 000　　C. 100 000　　D. 92 000

2. 下列各项中，不属于企业应付职工薪酬核算内容的是(　　)。

A. 职工教育经费　　B. 企业代扣代缴的个人所得税

C. 住房公积金　　D. 非货币性福利

3. 职工工资中代扣的职工房租，应借记的会计科目是(　　)。

A. 应付职工薪酬　　B. 银行存款　　C. 其他应收款　　D. 其他应付款

4. 下列职工薪酬中，不应当根据职工提供服务的受益对象计入成本费用的是(　　)。

A. 因解除与职工的劳动关系给予的补偿

B. 构成工资总额的各组成部分

C. 工会经费和职工教育经费

D. 医疗保险费、养老保险费、失业保险费、工伤保险费和生育保险费等社会保险费

5. 非货币性职工薪酬主要为非货币性福利，通常不包括(　　)。

A. 企业以自己的产品发放给职工作为福利

B. 企业向职工无偿提供自有住房等固定资产供其使用

C. 企业为职工无偿提供类似医疗保健等服务

D. 企业向社会保险经办机构缴纳的养老保险费

6. 企业按照辞退计划条款的规定，合理预计确认辞退福利产生的应付职工薪酬并确认为负债，同时全部记入(　　)科目。

A. 生产成本　　B. 管理费用　　C. 制造费用　　D. 营业外支出

7. 企业对于满足辞退福利确认条件、实质性辞退工作在一年内完成但付款时间超过一年的辞退福利应当计入当期管理费用，并同时确认为(　　)。

A. 预计负债　　B. 应付职工薪酬

C. 其他应付款　　D. 应付账款

8. 企业从应付职工工资中代扣的个人所得税，应借记的账户为（ ）。

A. 应交税费 B. 应付职工薪酬 C. 其他应付款 D. 管理费用

9. 企业福利部门领用自产应税消费品计算应交的增值税，应借记（ ）账户。

A. 应付职工薪酬 B. 生产成本 C. 制造费用 D. 应交税费

10. 甲公司为增值税一般纳税人，适用的增值税税率为17%。2011年1月，甲公司董事会决定将本公司生产的500件产品抵付职工工资。该批产品的单位成本为1.2万元，市场销售价格为每件1.4万元（不含增值税）。不考虑其他相关税费，甲公司在2011年1月因该项业务应记入“应付职工薪酬”账户借方的金额为（ ）万元。

A. 600 B. 702 C. 700 D. 819

11. 下列各项中，应通过“其他应付款”科目核算的是（ ）。

A. 应付现金股利 B. 应交教育费附加

C. 应付租入包装物租金 D. 应付管理人员工资

12. 企业为高管人员配备汽车作为福利，计提这些汽车的折旧时，应编制的会计分录应（ ）。

A. 借记“累计折旧”科目，贷记“固定资产”科目

B. 借记“管理费用”科目，贷记“固定资产”科目

C. 借记“管理费用”科目，贷记“应付职工薪酬”科目；同时借记“应付职工薪酬”科目，贷记“累计折旧”科目

D. 借记“管理费用”科目，贷记“固定资产”科目；同时借记“应付职工薪酬”科目，贷记“累计折旧”科目

13. 对以经营租赁方式租入的生产线进行改良，应付企业内部改良工程人员工资，应借记的会计科目是（ ）。

A. 固定资产 B. 长期待摊费用 C. 应付职工薪酬 D. 在建工程

二、多项选择题

1. 下列各项中，属于企业应付职工薪酬核算内容的有（ ）。

A. 工会经费 B. 企业医务人员的工资

C. 住房公积金 D. 辞退福利

2. 下列内容属于职工薪酬的“职工”范畴的有（ ）。

A. 与企业订立劳动合同的全职人员 B. 与企业订立劳动合同的临时人员

C. 企业正式任命的独立董事 D. 与企业订立劳动合同的兼职人员

E. 为企业提供清洁服务的人员

3. 下列关于职工薪酬计量的叙述正确的有（ ）。

A. 国家规定了计提基础和计提比例的，应当按照国家规定的标准计提

B. 没有规定计提基础和计提比例的，企业应根据历史经验数据和实际情况，合理预计当期应付职工薪酬

C. 在职工提供服务的会计期末以后支付的应付职工薪酬，企业必须选择恰当的折现

率,以应付职工薪酬折现后的金额计入相关资产成本或当期损益

D. 租赁住房等资产供职工无偿使用的,应根据受益对象,将每期应付的租金计入相关资产成本或当期损益,并确认应付职工薪酬

E. 企业以其自产产品作为非货币性福利发放给职工的,按照该产品的公允价值,计入相关资产成本或当期损益,同时确认应付职工薪酬

4. 企业应在职工为其提供服务的会计期间,将应付的职工薪酬(不包括辞退福利)确认为负债,并根据职工提供服务的受益对象的不同,分别进行处理:(　　)。

A. 应由生产产品、提供劳务负担的职工薪酬,计入产品成本或劳务成本

B. 应由在建工程、无形资产开发成本负担的职工薪酬,计入建造固定资产或无形资产的开发成本

C. AB 两项之外的其他职工薪酬,计入当期损益

D. 企业应严格按照辞退计划条款的规定,合理预计并确认辞退福利产生的应付职工薪酬,并确认管理费用

5. 关于非货币性职工薪酬,说法不正确的有(　　)。

A. 难以认定受益对象的非货币性福利,直接计入当期损益和应付职工薪酬

B. 企业将拥有的房屋等资产无偿提供给职工使用的,应根据受益对象,按照该住房的公允价值计入相关资产成本或当期损益,同时确认应付职工薪酬

C. 企业租赁住房等资产供职工无偿使用的,应根据受益对象,将每期应付的租金计入相关资产成本或当期损益,并确认应付职工薪酬

D. 企业以其自产产品作为非货币性福利发放给职工的,应当根据受益对象,按照产品的账面价值,计入相关资产成本或当期损益,同时确认应付职工薪酬

6. 下列项目中,应按国家规定的计提基础和计提比例计提应付职工薪酬的有(　　)。

A. 医疗保险费　　B. 养老保险费　　C. 住房公积金　　D. 职工教育经费

7. 企业在职工劳动合同到期之前解除与职工的劳动关系,或者为鼓励职工自愿接受裁减而提出给予补偿的建议,确认因解除与职工的劳动关系给予补偿而产生的预计负债应满足的条件有(　　)。

A. 企业已经制订正式的解除劳动关系计划或提出自愿裁减建议,并即将实施

B. 企业不能单方面撤回解除劳动关系计划或裁减建议

C. 企业可以单方面撤回解除劳动关系计划或裁减建议

D. 企业已经制订正式的解除劳动关系计划或提出自愿裁减建议,但在两年后实施

8. 下列职工薪酬中,应根据职工提供服务的受益对象计入成本费用的有(　　)。

A. 因解除与职工的劳动关系给予的补偿　B. 职工教育经费和工会经费

C. 股份支付　D. 住房公积金

9. 工资总额包括的内容有(　　)。

A. 计时工资　　B. 计件工资　　C. 一次性奖金　　D. 津贴和补贴

10. 下列各项中,应通过“其他应付款”账户核算的有(　　)。

A. 存入保证金　B. 应付各种赔款

C. 应付各项经营租赁业务租金　　　　　　D. 支付职工非货币性福利

11. 下列各项支出,应在企业应付职工薪酬中列支的有(　　)。

A. 职工因工负伤赴外地就医路费　　　　　B. 企业医务人员的工资

C. 离退休人员的退休金　　　　　　　　　D. 离退休人员的医药费

12. 下列各项中,应作为职工薪酬计入相关资产成本或当期损益的有(　　)。

A. 为职工支付的补充养老保险

B. 因解除职工劳动合同支付的补偿款

C. 为职工进行健康检查而支付的体检费

D. 因向管理人员提供住房而支付的租金

E. 按照工资总额一定比例计提的职工教育经费

三、判断题

1. 企业向职工食堂、职工医院、生活困难职工等支付职工福利费,应借记“应付职工薪酬——职工福利”科目。(　　)

2. 公司向职工发放自产产品作为福利,应根据相关税收规定,视同销售计算增值税销项税额。(　　)

3. 企业的工资总额都应计入产品成本。(　　)

4. 职工薪酬是指职工在职期间和离职后提供给职工的全部货币性薪酬和非货币性薪酬,既包括提供给职工本人的薪酬,也包括提供给职工配偶、子女或其他被赡养人的福利等。(　　)

5. 企业生产工人的医疗保险费、养老保险费、失业保险费、工伤保险费和生育保险费等社会保险费应计入当期管理费用。(　　)

6. 企业为职工缴纳的基本养老保险金、补充养老保险费及为职工购买的商业养老保险,均属于企业提供的职工薪酬。(　　)

7. 非货币性福利不一定通过“应付职工薪酬”科目核算,但在附注中仍应将其归入职工薪酬总额内披露。(　　)

8. 非货币性薪酬主要为非货币性福利,通常包括企业以自己的产品或其他有形资产发放给职工的福利,但不包括向职工无偿提供自有的资产供其使用、为职工无偿提供类似医疗保健服务等。(　　)

9. 企业在职工劳动合同到期之前解除与职工的劳动关系,或者为鼓励职工自愿接受裁减而提出给予补偿的建议,满足准则规定条件的,可以确认因解除与职工的劳动关系给予补偿而产生的预计负债,同时计入当期损益。(　　)

10. 企业为鼓励生产车间职工自愿接受裁减而给予的补偿,应计入生产成本科目。(　　)

11. 因被辞退职工不能再给企业带来任何经济利益,辞退福利应当计入当期费用而不作为资产成本。(　　)

12. 辞退工作一般应在一年内实施完毕,但因付款程序等原因使部分款项推迟至一年

后支付的,应于一年后实际支付时确认为应付职工薪酬。 ( )

13. 以商业保险形式提供给职工的各种保险也应属于职工薪酬。 ( )

14. 车间管理人员的工资不属于直接工资,因而不能计入产品成本,而应计入期间费用。 ( )

15. 企业为职工缴纳的医疗保险费、养老保险费、失业保险费、工伤保险费、生育保险费等社会保险费和住房公积金,应当在职工为其提供服务的会计期间,根据工资总额的一定比例计算,计入资产成本或当期损益。 ( )

16. 企业因解除与职工的劳务关系应付给员工的补偿不应通过"应付职工薪酬"科目核算。 ( )

四、岗位核算题

1. 某饮料生产企业为增值税一般纳税人,2012 年年末将本企业生产的一批饮料发放给职工作为福利。该饮料市场售价为 12 万元(不含增值税),增值税适用税率为 17%,实际成本为 10 万元。假定不考虑其他因素。

要求:根据上述资料,编制该项业务的会计分录。

2. 某企业 2012 年 10 月末计算确认本月应付行政管理人员工资总额 500 000 元,其中代扣代缴个人所得税 12 000 元,用银行存款发放工资 488 000 元。不考虑其他因素。

要求:根据上述资料,进行该企业的相关会计处理。

3. 甲公司是一家家用计算机生产企业,有职工 300 人,其中车间生产工人 260 名,总部管理人员 40 名。2011 年 12 月,甲公司决定以其单位生产成本为 5 000 元的电脑和外购的一批不含税单价为 500 元的电暖器作为集体福利发放给全体职工,该批自产电脑的市场不含税售价为每台 7 000 元。甲公司购买电暖器取得了增值税专用发票。增值税率为 17%。甲公司适用的增值税税率为 17%。

要求:编制甲公司的相关会计分录。

4. 安燃公司 2012 年 12 月份决定向本公司行政管理人员发放自产 B 产品作为福利,该批产品的实际成本为 8 万元,市场售价为 10 万元,安然公司适用增值税税率为 17%。

要求:根据资料,编制该项业务的会计分录。

5. 江南公司是一家生产彩电为主的集团公司,2012 年发生如下有的关职工薪酬的业务:

(1)每月底计提彩电基本生产车间工人工资 30 000 元,车间管理人员工资 10 000 元;辅助生产车间工人工资 20 000 元,车间管理人员工资 15 000 元;计提企业管理部门人员工资 30 000 元,销售部门人员工资 40 000 元,在建工程人员工资 40 000 元。另按照工资 18.5% 的比例提取职工福利费等三项经费,同时为每个工人按照 12% 的比例计提"五险一金"。江南公司另每月支付辞退人员工资大致在 10 000 元左右。

(2)江南公司为企业职工提供了各种福利性政策,年底把自己生产的 100 台彩电发放给全公司的行政管理人员职工,彩电成本价为 5 000 元,不含税售价为 10 000 元,增值税率为 17%;另外把自己生产的应税消费品化妆品 100 套发给彩电车间生产工人,成本价为 2 000

元,不含税售价为3 000元,增值税率17%,消费税率30%。另外外购一批电热水器含税总价值117万发放给生产化妆品分厂的职工作为福利,其中一线工人81.9万元,分厂管理人员35.1万元。

(3)江南公司把自己的宿舍楼免费提供给公司技术人员使用,该宿舍楼原值1 000万,预计使用年限为20年,净残值率为0,直线法计提折旧;江南公司另按照市场租金100万租赁几套房子给公司高管免费居住,租金尚未支付。

要求:作出上述业务的会计分录。

6. 某公司2012年11月30日,经过核算,该月应付生产工人工资15万元,车间管理人员工资8万元,厂部管理人员工资2万元,工程人员工资1万元。企业到银行提现并以现金支付工资。

要求:作出该项业务的会计分录。

7. 2012年,C公司为总部各部门经理级别以上职工提供汽车免费使用,同时为副总裁以上高级管理人员每人租赁一套住房。C公司总部共有部门经理以上职工20名,每人提供一辆桑塔纳汽车免费使用,假定每辆桑塔纳汽车每月计提折旧1 000元;该公司共有副总裁以上高级管理人员5名,公司为其每人租赁一套面积为200平方米带有家具和电器的公寓,月租金为每套8 000元。

要求:进行上述业务的会计核算。

8. 2012年11月15日,甲公司将部分退回的A商品作为福利发放给本公司职工,其中生产工人500件,行政管理人员40件,专设销售机构人员60件,该商品每件市场价格为0.4万元(与计税价格一致),实际成本0.3万元,增值税率为17%。

要求:进行上述业务的会计核算。

9. 2012年12月31日,某企业经计算本月应付职工工资200万元,应计提社会保险费50万元。同日,以银行存款预付下月住房租金2万元,该住房供公司高级管理人员免费居住。

要求:进行相应的会计处理。

10. 某企业2012年11月提取现金85 640元用于发放工资,企业为职工垫付的扣款项目为:储蓄存款、托儿费、饭票、房租水电等合计为9 560元,实发工资为76 080元。

要求:进行相应的会计处理。

11. 某公司2012年12月应付医疗保险2 500元,应付社会保险7 500元,12月30日以银行存款支付。

要求:进行该公司的相关账务处理。

12. 某企业2012年10月末,分配本月应付工资总额并按14%计提职工福利费:其中:生产工人工资30 000元,车间管理人员工资10 000元,在建工程人员工资7 700元,工会人员工资2 300元,另支付退休人员退休费5 000元,支付职工困难补助1 200元、医药费800元。2012年11月2日提取现金56 200元发放10月份工资。

要求:进行该公司的相关账务处理。

【参考答案】

一、单项选择题

1. A　2. B　3. D　4. A　5. D　6. B　7. A　8. A　9. A　10. D　11. C　12. C　13. B

二、多项选择题

1. ABCD　2. ABDE　3. ABDE　4. ABCD　5. ABC　6. ABCD　7. AB　8. BCD　9. ABD
10. ABC　11. AB　12. ABCDE

三、判断题

1. √　2. √　3. ×　4. √　5. ×　6. √　7. ×　8. ×　9. √　10. ×　11. √　12. ×
13. √　14. ×　15. √　16. ×

四、岗位核算题

1. 借:应付职工薪酬——非货币性福利　　140 400
　　贷:主营业务收入　　120 000
　　　　应交税费——应交增值税(销项税额)　　20 400
借:主营业务成本　　100 000
　贷:库存商品——饮料　　100 000

2. 借:管理费用——职工薪酬　　500 000
　　贷:应付职工薪酬——工资　　500 000
借:应付职工薪酬——工资　　12 000
　贷:应交税费——应交个人所得税　　12 000
借:应付职工薪酬——工资　　488 000
　贷:银行存款　　488 000

3. 解析:
(1)以自产电脑发放非货币性福利
电脑的售价总额 $=7\,000\times260+7\,000\times40=2\,100\,000$(元)
电脑的增值税销项税额 $=7\,000\times260\times17\%+7\,000\times40\times17\%=357\,000$(元)
甲公司决定发放非货币性福利时,应作如下处理:
借:生产成本——基本生产成本(电脑)　　2 129 400
　管理费用——职工薪酬　　327 600
　贷:应付职工薪酬——非货币性福利　　2 457 000
实际发放电脑时:
借:应付职工薪酬——非货币性福利　　2 457 000
　贷:主营业务收入　　2 100 000

　　应交税费——应交增值税（销项税额）　　　357 000

同时：借：主营业务成本　　1 500 000

　　　贷：库存商品——电脑　　1 500 000

（2）外购电暖器发放非货币性福利：

电暖气的进价总额＝500×260＋500×40＝150 000（元）

电暖气的进项税额＝500×260×17%＋500×40×17%＝25 500（元）

甲公司决定发放非货币性福利时，应作如下处理：

借：生产成本——基本生产成本（电脑）　　152 100

　管理费用——职工薪酬　　23 400

　贷：应付职工薪酬——非货币性福利　　175 500

甲公司购买电暖气时：

借：应付职工薪酬——非货币性福利　　175 500

　贷：银行存款　　175 500

4. 公司决定发放非货币性福利时：

借：管理费用　　117 000

　贷：应付职工薪酬　　117 000

公司实际发放时：

借：应付职工薪酬——非货币性福利　　117 000

　贷：主营业务收入　　100 000

　　应交税费——应交增值税（销项税额）　　17 000

同时：借：主营业务成本　　80 000

　　　贷：库存商品——B 产品　　80 000

5. 解析：

（1）每月月底分配职工的工资及"五险一金"、三项经费和辞退人员工资分录：

借：生产成本——基本生产成本　　39 150　[30 000×(1＋18.5%＋12%)]

　生产成本——辅助生产成本　　26 100　[20 000×(1＋18.5%＋12%)]

　制造费用——基本生产车间　　13 050　[10 000×(1＋18.5%＋12%)]

　　　　——辅助生产车间　　19 575　[15 000×(1＋18.5%＋12%)]

　管理费用——职工薪酬　　49 150　[30 000×(1＋18.5%＋12%)＋10 000]

　销售费用——职工薪酬　　52 200　[40 000×(1＋18.5%＋12%)]

　在建工程——职工薪酬　　52 200　[40 000×(1＋18.5%＋12%)]

　贷：应付职工薪酬——工资　　185 000

　　　　　——社会保险金及公积金　　22 200

　　　　　——三费　　34 225

　　　　　——辞退福利　　10 000

（2）确定发放彩电作为非货币性福利：

借：管理费用——职工福利　　1 170 000

贷:应付职工薪酬——非货币性福利 1 170 000

实际发放彩电时:

借:应付职工薪酬——非货币性福利 1 170 000

贷:主营业务收入 1 000 000

应交税费——应交增值税(销项税额) 170 000

同时:借:主营业务成本 500 000

贷:库存商品——彩电 500 000

确定发放消费品作为非货币性福利:

借:生产成本——基本生产成本(彩电) 351 000

贷:应付职工薪酬——非货币性福利 351 000

实际发放化妆品时:

借:应付职工薪酬——非货币性福利 351 000

贷:主营业务收入 300 000

应交税费——应交增值税(销项税额) 51 000

计交应交的消费税:

借:营业税金及附加 90 000

贷:应交税费——应交消费税 90 000

同时:借:主营业务成本 200 000

贷:库存商品——化妆品 200 000

确定发放电热水器作为非货币性福利时:

借:生产成本——基本生产成本(化妆品) 819 000

制造费用——化妆品分厂 351 000

贷:应付职工薪酬——非货币性福利 1 170 000

实际购买并发放电热水器时:

借:应付职工薪酬——非货币性福利 1 170 000

贷:银行存款 1 170 000

(3)自有宿舍楼免费给技术人员居住:

借:管理费用——职工薪酬 41 666.67

贷:应付职工薪酬——非货币性福利 41 666.67

每月计提折旧时:

借:应付职工薪酬——非货币性福利 41 666.67 (500 000 × 1/12)

贷:累计折旧 41 666.67(10 000 000/20 × 1/12)

外租的房屋免费给高管居住:

借:管理费用——职工薪酬 1 000 000

贷:应付职工薪酬——非货币性福利 1 000 000

确认应付租金时:

借:应付职工薪酬——非货币性福利 1 000 000

贷:其他应付款——应付房租　　1 000 000

6. 核算分配工资:

借:生产成本——基本生产成本　　150 000

制造费用——基本车间　　80 000

管理费用——职工薪酬　　20 000

在建工程——职工薪酬　　10 000

贷:应付职工薪酬——工资　　260 000

向银行提现备发工资:

借:库存现金　　260 000

贷:银行存款　　260000

实际发放工资:

借:应付职工薪酬——工资　　260 000

贷:库存现金　　260 000

7. C 公司的有关会计处理如下:

借:管理费用——职工福利　　60 000

贷:应付职工薪酬——非货币性福利　　60 000

借:应付职工薪酬——非货币性福利　　20 000

贷:累计折旧　　20 000

应确认的应付职工薪酬 = 20 × 1 000 + 5 × 8 000 = 60 000(元)

其中,提供企业拥有的汽车供职工使用的非货币性福利 = 20 × 1 000 = 20 000(元)

租赁住房供职工使用的非货币性福利 = 5 × 8 000 = 40 000(元)

8. 确定非货币性福利时:

借:生产成本——基本生产成本　　2 340 000　(500 × 0. 4 × 1. 17)

管理费用——职工薪酬　　187 200　(40 × 0. 4 × 1. 17)

销售费用——职工薪酬　　280 800　(60 × 0. 4 × 1. 17)

贷;应付职工薪酬——非货币性福利　　2 808 000

实际发放商品时:

借:应付职工薪酬——非货币性福利　　2 808 000

贷:主营业务收入　　2 400 000　[(500 + 40 + 60) × 0. 4]

应交税费——应交增值税(销项税额)　　408 000

借:主营业务成本　　1 800 000　[(500 + 40 + 60) × 0. 3]

贷:库存商品——A 商品　　1 800 000

9. 借:管理费用——职工薪酬　　2 500 000

贷:应付职工薪酬——工资　　2 000 000

——社会保险　　500 000

借:预付账款(或应付账款)　　20 000

贷:银行存款　　20 000

10. 提取现金准备发放工资时:

借:库存现金　　76 080

　　贷:银行存款　　76 080

发放工资时:

借:应付职工薪酬——工资　　85 640

　　贷:其他应收款——代垫款项　　9 560

　　　　库存现金　　76 080

11. 解析:

借:管理费用——社会保险　　10 000

　　贷:应付职工薪酬——医疗保险费　　2 500

　　　　　　　　　　——社会保险费　　7 500

实际支付时:

借:应付职工薪酬——医疗保险费　　2 500

　　　　　　　　——社会保险费　　7 500

　　贷:银行存款　　10 000

12. 10 月末分配工资费用时:

借:生产成本——基本生产成本　　30 000

　　管理费用——职工薪酬　　12 300

　　在建工程——职工薪酬　　7 700

　　贷:应付职工薪酬——工资　　50 000

提取职工福利费时:

借:生产成本——基本生产成本　　4 200(30 000 × 14%)

　　管理费用——职工薪酬　　1 722(12 300 × 14%)

　　在建工程——职工薪酬　　1 078(7 700 × 14%)

　　贷:应付职工薪酬——职工福利　　7 000

提取现金准备发工资时:

借:库存现金　　56 200

　　贷:银行存款　　56 200

发放工资时:

借:应付职工薪酬——工资　　50 000

　　贷:库存现金　　50 000

支付退休人员退休费时:

借:管理费用——工资　　5 000

　　贷:库存现金　　5 000

支付职工困难补助时:

借:应付职工薪酬——职工福利　　1 200

　　贷:库存现金　　1 200

岗位六　成本费用岗位会计实务

一、单项选择题

1. 下列各项中,应计入"管理费用"账户的有(　　)。

A. 展览费　　B. 业务招待费
C. 汇兑损失　　D. 购货单位享受的现金折扣

2. 企业专设销售机构固定资产的折旧费应计入(　　)科目。

A. 其他业务成本　B. 制造费用　C. 销售费用　D. 管理费用

3. 下列各项中,不属于企业期间费用的有(　　)。

A. 固定资产维修费　　B. 聘请中介机构费
C. 生产车间管理人员工资　　D. 企业发生的现金折扣

4. 甲企业 2012 年 9 月份发生的费用有:计提车间管理人员工资费用 50 万元,发生管理部门人员工资 30 万元,支付广告宣传费用 40 万元,筹集外币资金发生汇兑损失 10 万元,支付办公楼维修费用 5 万元。则该企业当期的期间费用总额为(　　)万元。

A. 85　B. 130　C. 140　D. 145

5. 企业为购买原材料所发生的银行承兑汇票手续费,应当计入(　　)。

A. 管理费用　B. 财务费用　C. 销售费用　D. 其他业务成本

6. 某企业"生产成本"科目的期初余额为 10 万元,本期为生产产品发生直接材料费用 80 万元,直接人工费用 15 万元,制造费用 20 万元,企业行政管理费用 10 万元,本期结转完工产品成本为 100 万元。假定该企业只生产一种产品,期末"生产成本"科目的余额为(　　)万元。

A. 5　B. 15　C. 25　D. 35

7. 下列各项中,不应计入销售费用的是(　　)。

A. 已售商品预计保修费用　　B. 为推广新产品而发生的广告费用
C. 随同商品出售且单独计价的包装物成本　　D. 专设销售机构的人员工资

8. 企业发生的下列费用中,应计入销售费用的是(　　)。

A. 广告费　B. 业务招待费　C. 矿产资源补偿费　D. 研究费

9. 下列各项中,应计入管理费用的是(　　)。

A. 筹建期间的开办费　　B. 预计产品质量保证损失
C. 生产车间管理人员工资　　D. 罚款支出

10. 下列各项中,应列为销售费用处理的是(　　)。

A. 自然灾害造成的流动资产净损失　　B. 筹建期间内发生的开办费

C. 预提短期借款利息　　D. 广告费

11. 某企业某月销售商品发生商业折扣20万元、现金折扣15万元、销售折让25万元。该企业上述业务计入当月财务费用的金额为(　　)万元。

A. 15　　B. 20　　C. 35　　D. 45

12. 下列缴纳的印花税中,应计入管理费用的是(　　)。

A. 承租人因签订融资租赁合同而缴纳的印花税

B. 债权人在债务重组过程中因取得债务人的普通股股票而缴纳的印花税

C. 企业自行开发新技术成功因申请专利而缴纳的印花税

D. 公司因在证券交易市场购买另一公司的普通股股票而缴纳的印花税

13. 企业缴纳的下列税费中,应记入管理费用的是(　　)。

A. 城市维护建设税　　B. 土地增值税　　C 土地使用税　　D. 教育费附加

14. 企业生产经营期间发生的下列各项利息支出,不应该计入财务费用的是(　　)。

A. 应付债券费用化的利息　　B. 带息应付票据的利息

C. 财务人员的工资　　D. 长期借款费用化的利息

15. 企业计提分期付息的长期借款的利息时贷方计入的会计科目是(　　)。

A. 短期借款　　B. 财务费用　　C. 应付利息　　D. 应收利息

16. 下列各种产品成本计算方法,适用于单件、小批生产的是(　　)。

A. 品种法　　B. 分批法　　C. 分步法　　D. 交互分配法

17. 以下企业中,不适用分步法的是(　　)。

A. 冶金　　B. 纺织　　C. 机械制造　　D. 发电

18. 分步法适用于(　　)。

A. 单件、小批生产　　B. 大批大量生产

C. 大量大批多步骤生产　　D. 大量大批单步骤生产

19. 下列各项中,不属于成本项目的是(　　)。

A. 直接材料　　B. 折旧费　　C. 制造费用　　D. 直接人工

20. 下列各项中,不应当计入制造费用的有(　　)。

A. 生产车间设备租赁费　　B. 生产工人劳动保护费

C. 生产车间财产保险费　　D. 生产工人职工薪酬

21. 某企业只生产和销售甲产品,2011年10月1日初在产品成本7万元;10月份发生如下费用:生产领用材料12万元,生产工人工资4万元,制造费用2万元,行政管理部门物料消耗1.5万元,业务招待费3万元,专设销售机构固定资产折旧费0.8万元;广告费1.6万元;月末在产品成本6万元。该企业10月份完工产品的生产成本为(　　)万元。

A. 16　　B. 18　　C. 19　　D. 23.6

22. 某企业本月生产A产品耗用机器工时120小时,生产B产品耗用机器工时180小时。本月发生车间管理人员工资3万元,产品生产人员工资30万元。该企业按机器工时比

例分配制造费用。假设不考虑其他因素，本月 B 产品应分配的制造费用为(　　)万元。

A. 1.2　　B. 1.32　　C. 1.8　　D. 1.98

23. 企业产品成本中原材料费用所占比重较大时，月末可采用的在产品和完工产品之间分配的方法是(　　)。

A. 在产品成本按年初固定成本计算法　　B. 定额比例法

C. 在产品按所耗直接材料成本计价法　　D. 约当产量法

24. 企业销售商品确认收入后，对于客户实际享受的现金折扣，应当(　　)。

A. 确认当期财务费用　　B. 冲减当期主营业务收入

C. 确认当期管理费用　　D. 确认当期主营业务成本

25. 随同产品出售不单独计价的包装物，应于包装物发出时结转其成本，计入(　　)科目。

A. 销售费用　　B. 其他业务成本　　C. 管理费用　　D. 营业外支出

26. 下列各项中，应计入产品成本的是(　　)。

A. 固定资产报废净损失　　B. 支付的矿产资源补偿费

C. 预计产品质量保证损失　　D. 基本生产车间设备计提的折旧费

27. 下列各项中，应计入管理费用的是(　　)。

A. 预计产品质量保证损失　　B. 聘请中介机构年报审计费

C. 专设售后服务网点的职工薪酬　　D 企业负担的生产职工养老保险费

二、多项选择题

1. 下列各款项中，一定记入“财务费用”科目借方的有(　　)。

A. 公司发行股票支付的手续费　　B. 期末计提长期借款的利息

C. 销货企业实际发生的现金折扣　　D. 支付银行承兑汇票的手续费

2. 下列项目中，销售企业不应当作为财务费用处理的有(　　)。

A. 购货方获得的商业折扣　　B. 购货方获得的销售折让

C. 购货方获得的现金折扣　　D. 购货方放弃的现金折扣

3. 下列各项中，应计入“财务费用”科目中的有(　　)。

A. 诉讼费　　B. 业务招待费

C. 汇兑损失　　D. 购货单位享受的现金折扣

4. 下列各项中，不应在发生时确认为销售费用的有(　　)。

A. 车间管理人员的工资　　B. 对外出租的投资性房地产的折旧

C. 专设销售机构固定资产的维修费　　D. 预计产品质量保证损失

5. 下列各项中，不应计入管理费用的有(　　)。

A. 销售商品发生的现金折扣　　B. 管理部门固定资产折旧

C. 成本模式计量的投资性房地产的折旧费　D. 专设销售机构房屋的修理费

6. 下列各项费用，应计入管理费用的有(　　)。

A. 咨询费　　B. 房产税　　C. 广告费　　D. 业务招待费

7. 下列各项,属于期间费用的有(　　)。

A. 董事会会费　　B. 劳动保险费　　C. 销售人员工资　　D. 废品损失

8. 品种法的特点包括(　　)。

A. 成本核算对象是产品品种

B. 品种法下一般定期计算产品成本

C. 如果月末有在产品,要将生产成本在完工产品和在产品之间进行分配

D. 成本计算期与产品的生产周期基本一致

9. 下列各项中,不应确认为财务费用的有(　　)。

A. 企业筹建期间的借款费用　　B. 资本化的借款利息支出

C. 销售商品发生的商业折扣　　D. 支付的银行承兑汇票手续费

10. 下列各项中,应计入财务费用的有(　　)。

A. 企业发行股票支付的手续费　　B. 企业支付的银行承兑汇票手续费

C. 企业购买商品时取得的现金折扣　　D. 企业销售商品时发生的现金折扣

11. 下列各项中,属于企业在确定生产成本在完工产品与在产品之间的分配方法时,应考虑的具体条件有(　　)。

A. 在产品数量的多少　　B. 定额管理基础的好坏

C. 各项成本比重的大小　　D. 各月在产品数量变化的大小

12. 下无各项中,不应计入管理费用的有(　　)。

A. 总部办公楼折旧　　B. 生产设备改良支出

C. 经营租出专用设备的修理费　　D. 专设销售机构房屋的修理费

13. 下列税费中应计入"管理费用"科目的有(　　)。

A. 车船使用税　　B. 土地使用税

C. 车辆购置税　　D. 契税

E. 矿产资源补偿费

14. 下列各项中,属于正确划分各种成本耗费界限要求的是(　　)。

A. 正确划分收益性支出和资本性支出的界限

B. 正确划分成本费用、期间费用和营业外支出的界限

C. 正确划分各种产品成本费用的界限

D. 正确划分本期完工产品和期末在产品成本的界限

15. 成本核算的一般程序包括(　　)。

A. 确定成本核算对象　　B. 确定成本项目

C. 归集所发生的全部费用　　D. 结转产品销售成本

16. 下列关于生产成本的说法中,正确的有(　　)。

A. 生产成本科目核算企业进行工业性生产发生的各项生产成本

B. 生产成本科目核算企业发生的各项间接费用

C. 生产成本科目可按基本生产成本和辅助生产成本进行明细核算

D. 余额反映企业尚未加工完成的在产品成本

17. 下列各项中，属于产品成本项目中制造费用包括的内容有(　　)。

A. 生产车间管理人员的职工薪酬　　B. 生产车间机器设备的折旧费

C. 生产工人的劳动保护费　　D. 生产车间修理费

18. 下列各项中，应在发生时直接确认为期间费用的有(　　)。

A. 专设销售机构固定资产的折旧费　　B. 业务招待费

C. 管理人员差旅费　　D. 车间管理人员薪酬

19. 下列各项中，不应在发生时确认为销售费用的有(　　)。

A. 车间管理人员的工资　　B. 投资性房地产的折旧额

C. 广告费　　D. 预计产品质量保证损失

20. 下列各项中，应计入期间费用的有(　　)。

A. 销售商品发生的销售折让　　B. 销售商品发生的售后服务费

C. 销售商品发生的商业折扣　　D. 委托代销商品支付的手续费

三、判断题

1. 根据企业生产经营特点和管理要求，单步骤、大量生产的产品一般采用品种法计算产品成本。(　　)

2. 某企业生产多种产品，该企业生产车间管理人员的工资应该直接计入生产成本科目核算。(　　)

3. 企业的工资总额都应计入产品成本。(　　)

4. 如果企业只生产一种产品，全部生产成本都是直接成本，可直接计入该产品生产成本明细账的有关成本项目中，不存在各种成本核算对象之间分配成本的问题。(　　)

5. 生产产品过程中发生的应计入产品成本，但不能分清应由何种产品负担的费用，应直接计入当期损益。(　　)

6. 企业为客户提供的现金折扣应在实际发生时冲减当期收入。(　　)

7. 生产车间发生的机器设备等的修理费用，应当记入“制造费用”科目(　　)

8. 专门用于生产某产品的无形资产，其所包含的经济利益通过所生产的产品实现的，该无形资产的摊销额应计入产品成本。(　　)

9. 现金清查中，对于无法查明原因的现金短缺，经批准后应计入管理费用。(　　)

10. 企业在销售收入确认之后发生的销售折让(不属于资产负债表日后事项)，应在实际发生时冲减发生当期的收入。(　　)

11. 企业发生的各项利得或损失，均应计入当期损益。(　　)

12. 销售人员因公出差，报销的飞机票属于职工薪酬。(　　)

13. 企业专设销售机构销售人员的工资应计入“管理费用”科目。(　　)

14. 无形资产的摊销金额应当计入管理费用。(　　)

15. 制造费用和管理费用都是本期发生的生产费用，因此，均应计入当期损益。(　　)

16. 产品成本是由费用构成的，因此企业发生的费用就是产品成本。(　　)

17. 现金折扣和销售折让均应在实际发生时计入当期财务费用。(　　)

18. 工业企业为拓展销售市场所发生的业务宣传费,应计入管理费用。 ( )

四、岗位核算题

1. 某企业本月生产 A 产品耗用机器工时 120 小时,生产 B 产品耗用机器工时 180 小时。本月发生车间管理人员工资 30 000 元,产品生产人员工资 300 000 元。该企业按机器工时比例分配制造费用。假设不考虑其他因素。

要求:按机器工时比例法在甲、乙产品之间分配制造费用并编制会计分录。

2. 某工业企业仅生产甲产品,采用品种法计算产品成本。3 月初在产品直接材料成本 30 万元,直接人工成本 8 万元,制造费用 2 万元。3 月份发生直接材料成本 75 万元,直接人工成本 20 万元,制造费用 6 万元。3 月末甲产品完工 50 件,在产品 100 件。月末计算完工产品成本时,直接材料成本按完工产品与在产品数量比例分配,直接人工成本和制造费用采用定额工时比例分配。单位产成品工时定额 20 小时,单位在产品工时定额 10 小时。

要求:

(1)计算甲完工产品应负担的直接材料成本。

(2)计算甲完工产品应负担的直接人工成本。

(3)计算甲完工产品应负担的制造费用。

(4)计算甲完工产品总成本,并编制完工产品入库的会计分录。

3. 某工业企业为一家加工类型企业,其第一生产车间生产 A 零件,需要甲、乙两种原材料,2011 年 12 月份生产过程中领用甲材料 30 000 元,乙材料 45 000 元;需要支付给第一车间工人的工资共 22 000 元,车间管理人员工资 9 000 元;生产 A 零件的设备在当月计提的折旧为 6 000 元,假定 A 零件本月无其他耗费,均在 12 月完工并验收入库,并且无月初在产品成本和月末在产品成本。

要求:根据上述资料编制相关会计分录,结转完工产品成本。

4. 某企业 2010 年 3 月份发生的业务有:①发生无形资产研究费用 10 万元;②发生专设销售部门人员工资 25 万元;③支付业务招待费 15 万元;④支付销售产品保险费 5 万元;⑤本月应交纳的城市维护建设税 0.5 万元;⑥计提投资性房地产折旧 40 万元;⑦支付本月未计提短期借款利息 0.1 万元;假设不考虑其他事项。

要求:

(1)说明① ~ ⑦项经济业务应计入哪项期间费用。

(2)计算该企业 3 月份发生的期间费用总额。假定上述费用均以银行存款支付,请编制相关会计分录。

5. 某公司 2011 年 11 月 10 日为宣传新产品发生广告费 80 000 元,用银行存款支付。

要求:进行该项业务的会计核算。

6. 某公司销售分公司 2011 年 10 月份共发生费用 220 000 元,其中:销售人员薪酬 100 000元,销售部专用办公设备折旧费 50 000 元,业务费 70 000 元(用银行存款支付)。

要求:进行以上业务的会计处理。

7. 某公司 2011 年 12 月 12 日销售一批产品,销售过程中发生运输费 5 000 元、装卸费

2 000元，产品保险费5 000 元。均用银行存款支付。

要求：进行该项业务的会计处理。

8. 某公司2011 年11 月22 日就一项产品的设计方案向有关专家进行咨询，以现金支付咨询费30 000 元。为拓展产品销售市场发生业务招待费50 000 元，用银行存款支付。

要求：编制上述业务的会计分录。

9. 某公司行政部2011 年12 月份共发生费用224 000 元，其中：行政人员薪酬150 000 元，行政部专用办公设备折旧费45 000 元，报销行政人员差旅费21 000 元（假定报销人员均未预借差旅费），其他办公费5 000、水电费3 000 元（均用银行存款支付）。

要求：编制会计分录。

10. 某公司于2011 年10 月发生各项业务如下：

（1）10 月1 日向银行借入生产经营用短期借款360 000 元，期限6 个月，年利率5%，该借款本金到期后一次归还，利息分月预提，按季支付。

（2）10 月10 日用银行存款支付本月到期的短期借款利息24 000 元（该项利息未预提）。

（3）10 月15 日，以银行存款支付银行转账结算手续费400 元。

（4）10 月20 日，该公司在购买材料业务中，根据对方规定的现金折扣条件提前付款，获得对方给予的现金折扣4000 元。

要求：进行该公司10 月份相关业务的会计核算。

【参考答案】

一、单项选择题

1. B　2. C　3. C　4. A　5. B　6. C　7. C　8. A　9. A　10. D　11. A　12. C　13. C　14. C　15. C　16. B　17. D　18. C　19. B　20. D　21. C　22. C　23. C　24. A　25. A　26. D　27. B

二、多项选择题

1. CD　2. AB　3. CD　4. CD　5. ACD　6. ABD　7. ABC　8. ABCD　9. ABC　10. BCD　11. ABCD　12. BCD　13. ABE　14. ABCD　15. ABC　16. ACD　17. ABC　18. ABC　19. AB　20. BD

三、判断题

1. √　2. ×　3. ×　4. √　5. ×　6. ×　7. ×　8. √　9. √　10√　11. ×　12. ×　13. ×　14. √　15. ×　16. ×　17. ×　18. ×

四、岗位核算题

1. 解析：

制造费用分配率 = 30 000/(120 + 180) = 100

甲产品制造费用 = 120 × 100 = 12 000(元)

乙产品制造费用 = 180 × 100 = 18 000(元)

编制分录如下：

借:生产成本——基本生产成本(甲产品)　　12 000

　　　　　　　基本生产成本(乙产品)　　18 000

　贷:制造费用——基本生产车间　　30 000

2. 解析：

(1)直接材料成本分配率 = (月初在产品材料成本 + 本月投入的材料成本)/(完工产品数量 + 月末在产品数量) = (30 + 75)/(50 + 100) = 0.7

甲完工产品应负担的直接材料成本 = 50 × 0.7 = 35(万元)

(2)直接人工分配率 = (8 + 20)/(20 × 50 + 100 × 10) = 1.4%

甲完工产品应负担的直接人工成本 = 20 × 50 × 1.4% = 14(万元)

(3)制造费用分配率 = (2 + 6)/(20 × 50 + 100 × 10) = 0.4%

甲完工产品应负担的制造费用 = 20 × 50 × 0.4% = 4(万元)

(4)甲完工产品总成本 = 35 + 14 + 4 = 53(万元)

借:库存商品——甲产品　　530 000

　贷:生产成本——基本生产成本(甲产品)　　530 000

3. (1)将生产 A 零件的直接材料计入生产成本：

借:生产成本——基本生产成本(A 零件)　　75 000

　贷:原材料——甲材料　　30 000

　　　　　——乙材料　　45 000

(2)支付工人的工资：

借:生产成本——基本生产成本(A 零件)　　22 000

　制造费用——基本车间　　9 000

　贷:应付职工薪酬——工资　　31 000

(3)借:制造费用——基本车间　　6 000

　　贷:累计折旧　　6 000

(4)制造费用 = 9 000 + 6 000 = 15 000(元)

借:生产成本——基本生产成本(A 零件)　　15 000

　贷:制造费用——基本车间　　15 000

(5)当月完工产品成本 = 75 000 + 22 000 + 15 000 = 112 000(元)

借:库存商品——A 零件　　112 000

　贷:生产成本——基本生产成本(A 零件)　　112 000

4. 解析：
(1)发生的相关费用应计入的账户如下：
发生无形资产研究费用最终应计入管理费用；
发生专设销售部门人员工资应计入销售费用；
支付的业务招待费应计入管理费用；
支付的销售产品保险费应计入销售费用；
本月应交纳的城市维护建设税应计入营业税金及附加；
计提投资性房地产折旧应计入其他业务成本；
支付本月未计提短期借款利息应计入财务费用。
(2)该企业 3 月份发生的期间费用总额 = 10 + 25 + 15 + 5 + 0. 1 = 55. 1(万元)

借:管理费用——研发支出　100 000
　　　　——业务招待费　150 000
　销售销售费用——工资　250 000
　　　　——保险费　50 000
　财务费用——利息支出　1 000
　贷:银行存款　551 000

计提投资性房地产折旧:
借:其他业务成本　400 000
　贷:投资性房地产累计折旧　400 000

计交应交的城建税:
借:营业税金及附加　5 000
　贷:应交税费——应交城市维护建设税　5 000

5. 借:销售费用——广告费　80 000
　贷:银行存款　80 000

6. 借:销售费用——职工薪酬　100 000
　　　　——折旧费　50 000
　　　　——业务费　70 000
　贷:应付职工薪酬　100 000
　　累计折旧　50 000
　　银行存款　70 000

7. 借:销售费用——运输费　5 000
　　　　——装卸费　2 000
　　　　——保险费　5 000
　贷:银行存款　12 000

8. 借:管理费用——咨询费　30 000
　　　　——业务招待费　50 000
　贷:库存现金　30 000

银行存款 50 000

9. 借:管理费用——职工薪酬 150 000

——折旧费 45 000

——差旅费 21 000

——办公费 5 000

——水电费 3 000

贷:应付职工薪酬——工资 150 000

累计折旧 45 000

库存现金 21 000

银行存款 8 000

10. (1)10 月末,预提当月应计利息额 = 360 000 × 5% ÷ 12 = 1 500(元)

借:财务费用——利息支出 1 500

贷:应付利息 1 500

(2)10 月 10 日:

借:财务费用——利息支出 24 000

贷:银行存款 24 000

(3)10 月 15 日:

借:财务费用——手续费 400

贷:银行存款 400

(4)10 月 20 日:

借:应付账款——A 公司 4 000

贷:财务费用——现金折扣收入 4 000

岗位七　税务会计岗位会计实务

一、单项选择题

1. 企业交纳当月的增值税，应通过的账户是(　　)。

A. 应交税费——应交增值税(转出多交增值税)

B. 应交税费——应交增值税(转出未交增值税)

C. 应交税费——未交增值税

D. 应交税费——应交增值税(已交税金)

2. 企业交纳的下列税费中，应记入管理费用的是(　　)。

A. 城市维护建设税　B. 土地增值税　C 土地使用税　D. 教育费附加

3. A 公司 2012 年 10 月建造办公楼领用原材料 10 000 元，该材料购入时支付增值税 1 700元；因自然灾害毁损原材料一批，其实际成本 20 000 元，经确认损失材料的增值税 3 400 元。则 A 公司记入"应交税费——应交增值税(进项税额转出)"账户的金额为(　　)元。

A. 680　B. 1 020　C. 1 700　D. 5 100

4. 应交消费税的委托加工物资收回后用于连续生产应税消费品的，按规定准予抵扣的由受托方代收代缴的消费税，应当记入(　　)科目。

A. 生产成本　B. 应交税费　C. 主营业务成本　D. 委托加工物资

5. 企业出售固定资产应交的营业税，应借记的会计科目是(　　)。

A. 营业税金及附加　B. 营业外支出　C. 其他业务成本　D. 固定资产清理

6. 某企业地处城市，2012 年 5 月实际应上交增值税 400 000 元，消费税 200 000 元，营业税 400 000 元，土地增值税 200 000 元。则该企业应交的城市维护建设税为(　　)元。

A. 71 000　B. 70 000　C. 84 000　D. 80 000

7. 企业对外销售应税产品计算出的应交资源税，应计入(　　)科目。

A. 管理费用　B. 生产成本　C. 制造费用　D. 营业税金及附加

8. 某工业企业为小规模纳税人，采用计划成本对材料进行日常核算，2012 年 5 月购入原材料一批，取得增值税专用发票上注明原材料价款为 200 000 元，增值税额为 34 000 元，材料尚未到达，并支付运费 1 200 元，已取得运费发票，其在采购时应记入"材料采购"账户的金额为(　　)元。

A. 201 200　B. 235 200　C. 218 116　D. 217 000

9. 某企业对外转让一栋厂房，根据税法规定计算的应交土地增值税，应借记的会计科目是(　　)。

A. 销售费用　　B. 固定资产清理　　C. 制造费用　　D. 管理费用

10. 委托加工的应税消费品收回后直接出售的,由受托方代收代交的消费税,委托方应借记的会计科目是(　　)。

A. 在途物资　　B. 委托加工物资

C. 应交税费——应交消费税　　D. 营业税金及附加

11. 某小规模纳税企业购入原材料取得的增值税专用发票上注明货款 20 000 元,增值税 3 400 元,在购入材料的过程中另支付运杂费 600 元。则该企业原材料的入账价值为(　　)元。

A. 20 000　　B. 20 600　　C. 23 400　　D. 24 000

12. 某企业 2011 年 11 月"应交税费——应交增值税"科目,期初借方余额为 5 000 元,贷方发生额为 80 000 元,借方发生额为 60 000 元,则在 11 月末企业应作的会计分录为(　　)。

A. 借:应交税费——应交增值税　　15 000
　　贷:应交税费——未交增值税　　15 000

B. 借:应交税费——应交增值税　　15 000
　　贷:银行存款　　15 000

C. 借:应交税费——应交增值税(转出未交增值税)　　15 000
　　贷:应交税费——未交增值税　　15 000

D. 借:应交税费——应交增值税(转出未交增值税)　　15 000
　　贷:银行存款　　15 000

13. A 公司 2011 年 12 月 31 日购入价值 20 万元的设备,预计使用期 5 年,无残值。采用直线法计提折旧,税法允许采用双倍余额递减法计提折旧。适用的所得税税率为 25%。2012 年 12 月 31 日应纳税暂时性差异余额为(　　)万元。

A. 4. 8　　B. 1　　C. 1. 2　　D. 4

14. 某企业 2012 年 9 月销项税额 60 万元,进项税额 80 万元,8 月末欠缴税款 10 万元,则 9 月末,企业应作的会计分录为(　　)。

A. 借:应交税费——未交增值税　　200 000
　　贷:应交税费——应交增值税(转出多交增值税)　　200 000

B. 借:应交税费——应交增值税(进项税额)　　200 000
　　贷:应交税费——未交增值税　　200 000

C. 借:应交税费——未交增值税　　100 000
　　贷:应交税费——应交增值税(转出多交增值税)　　100 000

D. 借:应交税费——应交增值税(进项税额)　　-100 000
　　贷:应交税费——未交增值税　　-100 000

15. 某房地产企业 2012 年将新开发的商品房对外出售,取得转让收入 5 000 万元,应当缴纳土地增值税 260 万元,则企业关于土地增值税的账务处理为(　　)。

A. 借:营业税金及附加　　2 600 000
　　贷:应交税费——应交土地增值税　　2 600 000
B. 借:其他业务成本　　2 600 000
　　贷:应交税费——应交土地增值税　　2 600 000
C. 借:固定资产清理　　2 600 000
　　贷:应交税费——应交土地增值税　　2 600 000
D. 借:其他业务成本　　2 600 000
　　贷:银行存款　　2 600 000

16. 以下哪个业务需要通过"应交税费——应交增值税(进项税额)"科目进行核算。(　　)

A. 将上月购进钢材用于本企业的在建建筑工程项目
B. 本期收到出口货物的退税额
C. 当月购进材料以备用于投资
D. 自产的产品用于集体福利

17. 企业缴纳的各种税金中,以下(　　)不需要经过"应交税费"科目核算。

A. 增值税　　B. 契税
C. 土地使用税　　D. 土地增值税

18. 甲企业是增值税一般纳税人,因火灾毁损库存材料一批,该批原材料实际成本为40万元,保险公司赔偿30万元。该企业适用的增值税税率为17%,则毁损原材料应转出的进项税额是(　　)万元。

A. 4　　B. 5　　C. 5. 1　　D. 6. 8

19. 甲公司以应交消费税的产品一批对A公司投资,产品成本为300万元,双方确认的价值(计税价格)为500万元,增值税税率17%,消费税税率为10%。假设该交易具有商业实质。则甲公司取得股权投资的初始投资成本为(　　)万元。

A. 635　　B. 585　　C. 381　　D. 435

20. 所得税采用资产负债表债务法核算,其暂时性差异是指(　　)。

A. 资产、负债的账面价值与其公允价值之间的差额
B. 资产、负债的账面价值与计税基础之间的差额
C. 会计利润与税法应纳税所得额之间的差额
D. 仅是资产的账面价值与计税基础之间的差额

21. 下列负债项目中,其账面价值与计税基础会产生差异的是(　　)。

A. 短期借款　　B. 应付票据　　C. 应付账款　　D. 预计负债

22. 企业购入免税农产品一批,支付价款200 000元,按照规定可以按买价的13%抵扣增值税。材料已验收入库。货款已付。应借记"应交税费——应交增值税(进项税额)"账户的金额为(　　)元。

A. 26 000　　B. 174 000　　C. 20 000　　D. 34 000

23. 企业建设厂房领用生产用原材料60 000元;因洪涝浸泡一批库存商品,实际成本为

50 000 元,其中原材料成本为 40 000 元,该材料购入时的增值税税率为 17%。则该企业应记入“应交税费——应交增值税(进项税额转出)”账户的金额为(　　)元。

A. 17 000　　B. 18 700　　C. 10 200　　D. 8 500

24. 企业福利部门领用自产应税消费品计算应交的增值税和消费税,应借记(　　)账户。

A. 应付职工薪酬　　B. 生产成本　　C. 制造费用　　D. 应交税费

25. 下列不应视同销售计交增值税的业务有(　　)。

A. 将外购的货物无偿赠送他人　　B. 将外购的货物用于企业内部非应税项目

C. 将自产货物用于企业职工福利　　D. 将自产货物对外投资

26. 下列业务中,应作为“进项税额转出”处理的有(　　)。

A. 购入免税农副产品　　B. 外购的货物因管理不善发生非常损失

C. 以原材料抵付应付账款　　D. 外购的货物用于对外投资

二、多项选择题

1. 企业应交纳的下列税金中,应计入当期损益的有(　　)。

A. 企业签订设备购销合同而交纳的印花税

B. 企业购置的免税车辆因改制后用途发生变化而按规定补交的车辆购置税

C. 企业自行建造厂房而交纳的耕地占用税

D. 运输企业提供运输劳务取得收入而交纳的营业税

E. 企业销售商品房按规定交纳的土地增值税

2. 企业记入“管理费用”的税金有(　　)。

A. 土地使用税　　B. 印花税　　C. 房产税　　D. 车船税

3. 下列税金中,可能计入“营业税金及附加”科目的有(　　)。

A. 营业税　　B. 印花税　　C. 消费税　　D. 增值税

4. 企业按规定应交纳消费税的项目有(　　)。

A. 销售应税消费品取得收入　　B. 销售不动产取得收入

C. 出租无形资产取得收入　　D. 企业自建厂房领用自产应税消费品

5. 下列各项中,属于视同销售行为的有(　　)。

A. 将自产的产品用于建造办公楼　　B. 将自产的产品分配给股东

C. 将外购的材料用于建造厂房　　D. 将自产的产品用于集体福利

6. 下列税金,应计入企业固定资产价值的有(　　)。

A. 购入不动产交纳的增值税进项税额　　B. 车船税

C. 车辆购置税　　D. 土地使用税

7. 企业缴纳的下列税金,应通过“应交税费”科目核算的有(　　)。

A. 印花税　　B. 耕地占用税　　C. 房产税　　D. 土地增值税

8. 甲公司 2011 年 10 月实际上交增值税 450 000 元,消费税 240 000 元,营业税 220 000 元,该企业适用的城市维护建设税税率为 7%,下列处理正确的是(　　)。

A. 甲公司应交的城建税为63 700元

B. 甲公司计算城建税时,借记“营业税金及附加”科目

C. 甲公司应以实际交纳的增值税、消费税、营业税为计税依据

D. 甲公司应以应交纳的增值税、消费税、营业税为计税依据

9. 企业按规定交纳营业税的项目有(　　)。

A. 销售商品取得收入　　B. 销售不动产取得收入

C. 出租无形资产取得收入　　D. 提供运输劳务取得收入

10. 下列经济业务需要计算增值税销项税额的有(　　)。

A. 将自产产品用于集体福利设施建设　　B. 以库存商品对外投资

C. 将自产产品对外捐赠　　D. 原材料由于管理不善被盗

11. 下列说法不正确的是(　　)。

A. 由受托方代扣代交的委托加工直接用于对外销售的商品负担的消费税计入“应交税费——应交消费税”科目的借方

B. 企业以自产的商品用于在建工程,应交纳的消费税,借记“营业税金及附加”科目,贷记“应交税费——应交消费税”科目

C. 将自产产品用于对外投资,应交纳的消费税,应该借记“营业外支出”,贷记“应交税费——应交消费税”科目

D. 企业只有在对外销售应税消费品时,才交纳消费税

12. 对于营业税来说,制造企业在核算时可能借记的科目有(　　)。

A. 营业税金及附加　　B. 销售费用

C. 固定资产清理　　D. 其他业务成本

13. 下列行为中,应视同销售计算销项税额的有(　　)。

A. 购入货物发生非正常损失　　B. 将自产货物用于在建工程

C. 将自产货物用于对外投资　　D. 将自产货物委托他人代销

14. 企业发生的下列相关税金中,应计入存货成本的有(　　)。

A. 签订购销合同缴纳的印花税

B. 委托加工物资收回后直接用于销售的由受托方代收代缴的消费税

C. 进口商品支付的关税

D. 小规模纳税企业购进材料支付的增值税

15. 企业所发生的下列税费中,应计入“营业税金及附加”科目的有(　　)。

A. 企业出售不动产应交的营业税

B. 企业出售无形资产所有权应交的营业税

C. 企业出租无形资产应交的营业税

D. 企业出售商品房应交的营业税

16. 现行会计准则规定,企业交纳的下列各种税项中,可以通过“应交税费”科目核算的有(　　)。

A. 消费税　　B. 营业税　　C. 土地增值税

D. 城市维护建设税　　E. 印花税

17. 采用资产负债表债务法时,调减所得税费用的项目包括(　　)。

A. 本期由于税率变动或开征新税调减的递延所得税资产或调增的递延所得税负债

B. 本期转回的前期确认的递延所得税资产

C. 本期由于税率变动或开征新税调增的递延所得税资产或调减的递延所得税负债

D. 本期转回的前期确认的递延所得税负债

18. 在发生的下列交易或事项中,会产生应纳税暂时性差异的有(　　)。

A. 企业购入固定资产,会计采用直线法计提折旧,税法规定采用年数总和法计提折旧

B. 企业购入交易性金融资产,购入当期期末公允价值小于其初始确认金额

C. 企业购入无形资产,作为使用寿命不确定的无形资产进行核算,期末没有计提减值准备

D. 企业购入可供出售金融资产,购入当期期末公允价值大于初始确认金额

19. 下列各事项中,计税基础等于账面价值的有(　　)。

A. 支付的各项赞助费　　B. 购买国债确认的利息收入

C. 支付的违反税收规定的罚款　　D. 支付的滞纳金

20. 企业计交土地增值税时,其准予扣除的项目是(　　)。

A. 开发土地费用　　B. 旧房及建筑物的评估价格

C. 取得土地使用权支付的款项　　D. 新房及配套设施的成本

三、判断题

1. 企业按规定计算出应交的城市维护建设税,一般都是借记"营业税金及附加"科目,贷记"应交税费——应交城市维护建设税"科目。实际上交时,借记"应交税费——应交城市维护建设税"科目,贷记"银行存款"科目。(　　)

2. 委托加工的应税消费品收回后用于继续加工应税消费品的,委托方应将受托方代收代交的消费税计入委托加工后的应税消费品的成本。(　　)

3. 企业以自产的产品对外捐赠,由于会计核算时不作销售处理,因此不需交纳增值税。(　　)

4. 企业只有在对外销售消费税应税产品时才应交纳消费税。(　　)

5. 某企业为小规模纳税人,销售产品一批,含税价格 82 400 元,增值税征收率 3%,该批产品应交增值税为 2 400 元。(　　)

6. 企业转让的土地使用权连同地上建筑物及其附着物一并在"固定资产"科目核算的,转让时应交的土地增值税,应该计入"固定资产清理"科目核算。(　　)

7. 企业应交的各种税金,都通过"应交税费"科目核算。(　　)

8. 委托加工的应税消费品收回后直接用于销售的,委托方应将受托方代收代交的消费税计入委托加工后的应税消费品的成本。(　　)

9. 某企业为小规模纳税人,购入原材料一批,不含税进价金额 41 200 元,增值税进项税额 7 004 元,该批材料的成本为 48 204 元。(　　)

10. 公司向职工发放自产产品作为福利,同时要根据相关税收规定,视同销售计算增值

税销项税额。 （ ）

11. 可抵扣暂时性差异在未来期间转回时会减少转回期间的应纳税所得额，减少未来期间的应交所得税；应纳税暂时性差异在未来期间转回时会增加转回期间的应纳税所得额，增加未来期间的应交所得税金额。 （ ）

12. 资产负债表债务法核算所得税的情况下，企业只需要在每一个资产负债表日进行所得税的核算。 （ ）

13. 资产负债表日，企业应当对递延所得税资产的账面价值进行复核，如果未来期间很可能无法取得足够的应纳税所得额用以利用递延所得税的利益，应当减记递延所得税资产的账面价值，在以后期间即能够产生足够的应纳税所得额，也不能恢复递延所得税资产的账面价值。 （ ）

14. 企业将自产货物用于分配股利，属于视同销售行为。其会计处理方法是作为“主营业务收入”、“应交税费—应交增值税（销项税额）”入账。 （ ）

15. 企业销售货物应承担的运输费，按规定可以按7%扣除率计算抵扣进项税额，按扣除进项税后的余额作为销售费用入账。 （ ）

四、岗位核算题

1. 甲企业为增值税一般纳税工业企业，其适用的增值税税率为17%，2012年6月发生如下经济业务：

（1）1日，购入一批工程用原材料（建造办公楼），价款为25万元，增值税额为4.25万元，并开出一张3个月到期的商业承兑汇票，该票据为带息票据，票面利率8%，于月末计提利息。

（2）3日，企业收到乙公司预付货款20万元。

（3）10日，企业转让专利所有权，取得转让收入5万元，存入银行，该专利权账面原值8万元，已摊销2万元，计提减值准备3万元，该企业适用的营业税税率为5%。

（4）15日，企业向乙公司发出60万元的A产品，成本为50万元。乙公司已验收入库，并支付了剩余货款及增值税50.2万元。

要求：根据上述经济业务编制甲企业会计分录。

2. 华联公司为增值税一般纳税企业，适用的增值税税率为17%，消费税税率为10%，营业税税率为5%，所得税税率为25%，存货收发采用实际成本法核算。该企业2012年10月发生下列经济业务：

（1）购入一批甲原材料，增值税专用发票上注明的原材料价款为100万元，增值税17万元，货款已经支付，另购入材料过程中支付运费1万元，材料已经到达并验收入库。

（2）将一批甲材料用于建造办公楼，材料成本为1万元，该材料购进时确认的进项税税额为1700元。

（3）购入工程物资一批用于建造办公楼，其价款为20万元，增值税为3.4万元，用银行存款支付。

（4）下属运输公司对外提供运输劳务（非主营业务），收入10万元存入银行，确认收入并计算应交营业税。

(5)转让一项专利权的所有权,收入10万元存入银行,该专利权原值为12万元,转让时已经累计摊销6万元,没有计提减值准备。

(6)企业用银行存款支付购买印花税票0.13万元。

(7)向甲公司销售一批A应税消费品10万元(主营业务),增值税为1.7万元,收到款项存入银行。该批产品的实际成本为8万元。

要求:根据上述业务编制相关的会计分录。

3. 甲企业为增值税一般纳税人,适用的增值税税率为17%,存货采用计划成本法核算。该企业2012年9月初"应交税费"账户余额为零,当月发生下列相关业务:

(1)从长江公司购入丁材料一批,价款100 000元,增值税17 000元,以银行存款支付,该材料计划成本110 000元,已验收入库。

(2)将一栋闲置办公楼对外出售,该办公楼原价700 000元,已计提累计折旧160 000元,收到价款660 000元存入银行,适用的营业税税率为5%,假定该办公楼没有计提减值准备(不考虑除营业税以外的其他税费)。

(3)销售应税B消费品一批,价款300 000元,增值税51 000元,收到货款并存入银行,消费税适用税率为10%,该批商品的成本是250 000元。

(4)月末计提日常经营活动产生的城市维护建设税和教育费附加,适用的税率和费率分别为7%和3%。

要求:编制(1)~(4)业务的会计分录并列示业务(4)的计算过程。

4. 某企业2012年8月初"应交税费"账户余额为零,当月发生下列相关业务:

(1)自华康公司购入C材料一批,价款300 000元,增值税51 000元,以银行存款支付,企业采用计划成本法核算,该材料计划成本320 000元,已验收入库。

(2)将账面价值为540 000元的产品专利权出售,收到价款660 000元存入银行,适用的营业税税率为5%,假定该专利权没有计提摊销和减值准备(不考虑除营业税以外的其他税费)。

(3)销售应税丙消费品一批,价款600 000元,增值税102 000元,收到货款并存入银行,消费税适用税率为10%,该批商品的成本是500 000元。

(4)月末计交城市维护建设税和教育费附加,适用的税率和费率分别为7%和3%。

要求:编制(1)~(4)业务的会计分录并列示业务(4)的计算过程。

5. 某企业为增值税一般纳税人,增值税税率为17%,2012年12月发生以下主要业务:

(1)委托K公司加工一批乙材料(非金银首饰),付出甲原材料价款70万元,加工费用20万元,消费税税率为10%,材料已经加工完毕验收入库,加工费用等尚未支付。该委托加工材料收回后用于连续生产应税消费品。

(2)将应税A消费品用于对外投资,产品成本700万元,计提的存货跌价准备为40万元,公允价值和计税价格均为1 000万元。该产品的消费税税率为10%(具有商业实质)。

(3)出售一栋厂房,厂房原价1 500万元,已提折旧500万元,计提减值准备100万元。出售所得收入1 000万元,存入银行,用银行存款支付清理费用5万元。厂房已清理完毕,营业税税率为5%。

(4)转让一项商标所有权,收入25万元,该商标的原值为30万元,已摊销的商标金额是6万元,没有计提无形资产减值准备。营业税税率为5%。

(5)出租一项当月取得的无形资产,支付价款300万元,预计使用寿命5年,预计净残值为零,采用直线法进行摊销。当月取得租金收入10万元,营业税税率为5%。

要求:编制上述业务的相关会计分录。

6. 华联股份有限公司适用的所得税税率25%,2011年度按照税法规定计算的应纳税所得额为1 200万元。期末,通过比较资产、负债的账面价值与计税基础,确定应纳税暂时性差异为2 000万元,可抵扣暂时性差异为1 500万元。华联公司不存在可抵扣亏损和税款抵减,预计在未来期间能够产生足够的应纳所得税额用以抵扣可抵扣暂时性差异。

要求:根据上述资料,在下列不同假定情况下,进行华联公司有关所得税的会计处理。

(1)假定华联公司递延所得税资产和负债均无期初余额。

(2)假定华联公司递延所得税资产期初账面余额为300万元,递延所得税负债期初账面余额为450元。

(3)假定华联公司递延所得税资产期初账面余额为500万元,递延所得税负债期初账面余额为550元。

(4)假定华联公司递延所得税资产期初账面余额为300万元,递延所得税负债期初账面余额为600元。

(5)假定华联公司递延所得税资产期初账面余额为450万元,递延所得税负债期初账面余额为400元。

7. 某服装厂2012年产品销售收入3 000万元,销售成本1 500万元,销售税金及附加12万元,销售费用300万元(含广告费110万元),管理费用500万元(含招待费20万元,办公室房租36万元,超税法规定计提的坏账准备金2万元),投资收益25万元(含国债利息6万元、从联营企业分回税后利润34万元、权益法计算投资某公司损失15万元),营业外支出30万元,系对红十字会的捐赠支出。

其他补充资料:

(1)当年9月1日起租用办公室,支付2年房租36万元;

(2)企业已预缴税款120万元。

(3)假定无其他所得税调整事项。

要求:

(1)该企业所得税前可扣除的销售费用。

(2)该企业所得税前可扣除的管理费用。

(3)该企业计入计税所得的投资收益。

(4)该企业应纳税所得额。

(5)该企业应纳的所得税额。

(6)该企业2012年度应补(退)的所得税额。

(7)编制2012年该服装厂所得税业务的会计分录。

【参考答案】

一、单项选择题

1. D 2. C 3. C 4. B 5. D 6. B 7. D 8. B 9. B 10. B 11. D 12. C 13. B 14. D 15. A 16. C 17. C 18. D 19. A 20. B 21. D 22. A 23. A 24. A 25. B 26. B

二、多项选择题

1. ADE 2. ABCD 3. AC 4. AD 5. ABD 6. AC 7. CD 8. ABC 9. BCD 10. ABC 11. ABCD 12. AC 13. BCD 14. BCD 15. CD 16. ABCD 17. CD 18. ACD 19. ABCD 20. ABCD

三、判断题

1. √ 2. × 3. × 4. × 5. √ 6. √ 7. × 8. √ 9. √ 10. √ 11. × 12. × 13. × 14√ 15. √

四、岗位核算题

1. 解析：

(1)6 月 1 日，企业购入工程用原材料：

借：工程物资　　292 500

　贷：应付票据　　292 500

(2)6 月 3 日，收到乙公司预付货款：

借：银行存款　　200 000

　贷：预收账款——乙公司　　200 000

(3)6 月 10 日，企业转让专利权时应交营业税 =5 ×5% =2 500(万元)

借：银行存款　　50 000

　无形资产减值准备　　30 000

　累计摊销　　20 000

　贷：无形资产　　80 000

　　应交税费——应交营业税　　2 500

　　营业外收入——处置无形资产利得　　17 500

(4)6 月 15 日，企业向乙公司发货：

借：预收账款——乙公司　　702 000

　贷：主营业务收入　　600 000

　　应交税费——应交增值税(销项税额)　　102 000

结转成本时：

借：主营业务成本　　500 000

贷:库存商品——A 产品　500 000

收到乙公司支付的剩余货款及税金:

借:银行存款　502 000

贷:预收账款——乙公司　502 000

2. 解析:

(1)购入甲原材料:

借:原材料——甲材料　1 009 300(100 + 1 × 93%)

应交税费——应交增值税(进项税额)　170 700(17 + 1 × 7%)

贷:银行存款　1 180 000

(2)原材料用于建造办公楼,将原先计入进项税额的增值税转出:

借:在建工程——办公楼工程　11 700

贷:原材料——甲材料　10 000

应交税费——应交增值税(进项税额转出) 1 700

(3)购入工程物资,进项税额不能抵扣,计入材料的成本中:

借:工程物资　234 000

贷:银行存款　234 000

(4)对外提供劳务:

借:银行存款　100 000

贷:其他业务收入　100 000

计算应交营业税:

借:营业税金及附加　5 000

贷:应交税费——应交营业税　5 000(10 × 5%)

(5)转让无形资产所有权通过营业外收入核算:

借:银行存款　100 000

累计摊销　60 000

贷:无形资产　120 000

应交税费——应交营业税　5 000

营业外收入——处置无形资产利得　35 000

(6)印花税直接计入管理费用中:

借:管理费用——印花税　1 300

贷:银行存款　1 300

(7)销售产品:

借:银行存款　117 000

贷:主营业务收入　100 000

应交税费——应交增值税(销项税额)　17 000

借:营业税金及附加　10 000

贷:应交税费——应交消费税　10 000

借:主营业务成本　80 000
　贷:库存商品——A 产品　80 000

3. 解析:

(1)借:材料采购——长江公司(丁材料)　100 000
　　应交税费——应交增值税(进项税额)　17 000
　　贷:银行存款　117 000

丁材料验收入库,结转材料成本和成本差异:(入库材料的成本差异也可以采用月末一次结转的核算方式)

借:原材料——丁材料　110 000
　贷:材料采购——长江公司(丁材料)　100 000
　　材料成本差异　10 000

(2)借:固定资产清理　540 000
　　累计折旧　160 000
　　贷:固定资产　700 000

借:银行存款　660 000
　贷:固定资产清理　660 000

交纳的营业税为 660 000 ×5% =33 000(元)

借:固定资产清理　33 000
　贷:应交税费——应交营业税　33 000

借:固定资产清理　87000
　贷:营业外收入——处置固定资产利得　87 000

(3)借:银行存款　351 000
　　贷:主营业务收入　300 000
　　　应交税费——应交增值税(销项税额)　51 000

借:营业税金及附加　30 000
　贷:应交税费——应交消费税　30 000

借:主营业务成本　250 000
　贷:库存商品——B 产品　250 000

(4)当月应交城建税 =[(51 000 -17 000) +33 000 +30 000)] ×7% =6 790(元)

当月应交教育费附加 =[(51 000 -17 000) +33 000 +30 000)] ×3% =2 910(元)

借:营业税金及附加　9 700
　贷:应交税费——应交城市维护建设税　6 790
　　　——应交教育费附加　2 910

4. 解析:

(1)借:材料采购——华康公司(C 材料)　300 000
　　应交税费——应交增值税(进项税额)　51 000
　　贷:银行存款　351 000

借:原材料　320 000
　贷:材料采购　300 000
　　材料成本差异　20 000
(2)借:银行存款　660 000
　　贷:无形资产——专利权　540 000
　　　应交税费——应交营业税　33 000
　　　营业外收入——处置无形资产利得　87 000
(3)借:银行存款　702 000
　　贷:主营业务收入　600 000
　　　应交税费——应交增值税(销项税额)　102 000
借:营业税金及附加　60 000
　贷:应交税费——应交消费税　60 000
借:主营业务成本　500 000
　贷:库存商品——丙产品　500 000
(4)当月应交城建税 = [(102 000 - 51 000) + 33 000 + 60 000] × 7% = 10 080(元)
当月应交教育费附加 = [(102 000 - 51 000) + 33 000 + 60 000] × 3% = 4 320(元)
借:营业税金及附加　14 400
　贷:应交税费——应交城市维护建设税　10 080
　　　　——应交教育费附加　4 320

5. 解析:
(1)借:委托加工物资——K 单位(乙材料)　700 000
　　贷:原材料——甲材料　700 000
借:委托加工物资——K 单位(乙材料)　200 000
　应交税费——应交消费税　100 000
　应交税费——应交增值税(进项税额)　34 000
　贷:应付账款——K 单位　334 000
借:原材料——乙材料　900 000
　贷:委托加工物资——K 单位(乙材料)　900 000
(2)借:长期股权投资　1 270 000
　　贷:主营业务收入　10 000 000
　　　应交税费——应交增值税(销项税额)　1 700 000
　　　应交税费——应交消费税　1 000 000
借:主营业务成本　6 600 000
　存货跌价准备　400 000
　贷:库存商品——A 产品　7 000 000
(3)借:固定资产清理　9 000 000
　　累计折旧　5 000 000

固定资产减值准备　　1 000 000
贷:固定资产——厂房　　15 000 000
借:银行存款　　10 000 000
贷:固定资产清理　　10 000 000
借:固定资产清理　　50 000
贷:银行存款　　50 000
借:固定资产清理　　500 000
贷:应交税费——应交营业税　　500 000
借:固定资产清理　　450 000
贷:营业外收入——处置固定资产利得　　450 000
(4)借:银行存款　　250 000
累计摊销　　60 000
营业外支出——处置无形资产净损失　　2 500
贷:无形资产——商标权　　300 000
应交税费—应交营业税　　12 500
(5)借:银行存款　　100 000
贷:其他业务收入　　100 000
借:其他业务成本　　50 000
贷:累计摊销　　50 000
借:营业税金及附加　　5 000
贷:应交税费——应交营业税　　5 000

6. 解析:
(1)借:所得税费用　　4 250 000
递延所得税资产　　3 750 000
贷:应交税费——应交企业所得税　　3 000 000
递延所得税负债　　5 000 000
(2)借:所得税费用　　2 750 000
递延所得税资产　　750 000
贷:应交税费——应交企业所得税　　3 000 000
递延所得税负债　　500 000
(3)借:所得税费用　　3 750 000
递延所得税负债　　500 000
贷:应交税费——应交企业所得税　　3 000 000
递延所得税资产　　1 250 000
(4)借:所得税费用　　1 250 000
递延所得税资产　　750 000
递延所得税负债　　1 000 000

贷:应交税费——应交企业所得税　　　　3 000 000

(5)借:所得税费用　　　　4 750 000

贷:应交税费——应交企业所得税　　　　3 000 000

递延所得税资产　　　　750 000

递延所得税负债　　　　1 000 000

7. 解析:

(1)该企业所得税前可扣除的销售费用300万元。

按税法规定,机械制造企业当年税前扣除的广告费用不能超过销售营业收入的15%。

广告费限额=3 000×15%=450万元>110万元。

广告费没有超支。

(2)该企业所得税前可扣除的管理费用=500-(20-12)-(36-6)-2=460(万元)

1)按税法规定,业务招待费按照发生额的60%扣除,但最高不得超过销售营业收入的5‰。

业务招待费限额计算:

a. 3 000×5‰=15万元

b. 20×60%=12万元<15万元,可扣除12万元。

2)按税法规定,经营性租入固定资产的费用应按受益时间均匀扣除。

当年应计入成本费用的房租=36÷24×4=6万元

3)存货跌价准备2万元属于税法不认可的支出,不准税前扣除。

(3)该企业计入计税所得的投资收益为0。

1)国库券利息收入免缴企业所得税。

2)居民企业直接投资于其他居民企业的投资收益属于免税收入。

3)不认可权益法计算的投资损失15万元。

(4)该企业应纳税所得额=3 000-1 500-12-300-460-30=698万元

企业对红十字会捐赠30万元<(3 000-1500-12-300-500+25-30)×12%=81.96(万元)准予税前扣除。

(5)该企业应纳的所得税额=698×25%=174.5万元

(6)应补缴企业所得税=174.5-120(预交)=54.5万元

(7)会计分录如下:

借:所得税费用　　　　1 745 000

贷:应交税费——应交所得税　　　　1 745 000

借　　　　应交税费——应交所得税　　　　贷

借	贷
预交所得税:120万元	
	年末应交所得税:174.5万元
	余额:54.5万元(补交)

岗位八　主办会计岗位会计实务

一、单项选择题

（一）财务成果的核算

1. 下列各项中，符合会计要素收入定义的是（　　）。

A. 出售材料收入　　B. 出售无形资产净收益

C. 转让固定资产净收益　　D. 向购货方收取的增值税销项税额

2. 收入是企业在日常活动中形成的，会导致所有者权益增加的、与所有者投入资本（　　）。

A. 有关的经济利益总流入　　B. 有关的经济利益净流入

C. 无关的经济利益总流入　　D. 无关的经济利益净流入

3. 企业对于发出的商品，在不符合销售商品收入的确认条件时，应按发出商品的实际成本，借记（　　）科目，贷记“库存商品”科目。

A. 主营业务成本　　B. 发出商品　　C. 其他业务成本　D. 在途物资

4. 企业销售商品确认收入后，对于客户实际享受的现金折扣，应当（　　）。

A. 确认当期财务费用　　B. 冲减当期的销售收入

C. 确认当期管理费用　　D. 确认当期主营业务成本

5. 下列各项中，关于收入确认表述正确的是（　　）。

A. 采用交款提货的方式销售商品，应在开出发票收到货款时确认收入

B. 采用支付手续费委托代销方式销售商品，应在发出商品时确认收入

C. 采用预收款方式销售商品，应在收到货款时确认收入

D. 采用分期收款方式销售商品，应在货款全部收回时确认收入

6. 企业接受的捐赠利得，应贷记（　　）科目。

A. 应付账款　　B. 资本公积　　C. 营业外收入　　D. 其他业务收入

7. 企业计算营业利润时，不应考虑（　　）。

A. 公允价值变动损益　B. 投资收益　　C. 资产减值损失　D. 营业外收入

8. 下列各项中，属于工业企业其他业务收入的是（　　）。

A. 出售固定资产收入　　B. 出售无形资产收入

C. 材料销售收入　　D. 罚款收入

9. 企业采用支付手续费方式委托其他单位代销商品时，销售收入确认的时间

是(　　)。

A. 发出代销商品　　B. 售出代销商品

C. 收到代销清单　　D. 收到代销商品款

10. 企业采用预收款方式销售商品,企业确认销售收入的时间是(　　)。

A. 收到货款时　　B. 按合同约定的时间

C. 发出商品时　　D. 收到支付款凭证时

11. 完工百分比法作为收入确认的一种方法,主要适用于(　　)。

A. 确认商品或产品销售收入　　B. 确认提供劳务收入

C. 确认让渡资产使用权收入　　D. 确认对外投资收入

12. 下列各项中,属于营业外收入的是(　　)。

A. 罚款收入　　B. 出租包装物租金

C. 出租固定资产租金　　D. 出售原材料

13. 企业无法支付的应付账款,应按应付账款的账面余额转入(　　)。

A. 资本公积　　B. 营业外收入　　C. 其他应付款　　D. 其他业务收入

14. 对于在合同中规定了买方有权退货条款的销售,如无法合理确定退货的可能性,则符合商品销售收入确认条件的时点是(　　)。

A. 发出商品时　　B. 收到货款时

C. 签订合同时　　D. 买方正式接受商品或退货期满时

15. 采用现金折扣方式销售商品的,在购货方取得现金折扣的情况下,销售方对于少收的部分货款,应作(　　)处理。

A. 减少主营业务收入　　B. 增加当期财务费用

C. 增加当期管理费用　　D. 增加当期主营业务成本

16. 某企业在2012年10月8日销售商品100件,增值税专用发票上注明的价款10 000元,增值税额为1 700元。企业为了及早收回货款,在合同中规定的现金折扣条件为2/10,1/20,n/30。假定计算现金折扣时不考虑增值税,如买方在2012年10月16日付清货款,则该企业确认财务费用的金额为(　　)元。

A. 0　　B. 200　　C. 117　　D. 100

17. 下列各项中,年终结账后可能有余额的科目是(　　)。

A."本年利润"　　B."利润分配——未分配利润"

C."利润分配——应付股利"　　D."利润分配——盈余公积补亏"

18. 企业将一定时期内的有关损益类账户余额填入"利润表",通过利润表计算出当期损益的方法是( )。

A. 一次结转法　　B. 表结法　　C. 账结法　　D. 账表核对法

19. 下列商品销售中,不应确认销售的是(　　)。

A. 采用预收款方式销售商品,已收到客户预付的货款

B. 采用托收承付方式销售商品,已办妥托收手续

C. 附有销售退回条件的商品销售,退货期已满

D. 售出的商品需要安装和检验,但安装程序比较简单,商品已经发出

20. 下列关于利润的说法中,正确的是(　　)。

A. 利润是收入减去费用后的净额,是指企业在一定会计期间的经营成果

B. 利润是与所有者投入资本无关的利得,是由日常活动形成的经营成果

C. 利润包括收入减去费用后的净额,直接计入当期利润的利得和损失等

D. 利润是指企业的营业利润,是企业在一定会计期间产生的经营成果

21. 下列各科目中,不作为营业外支出的项目是(　　)。

A. 罚款支出　　B. 非常损失　　C. 捐赠支出　　D. 广告支出

22. 企业支付的税款滞纳金应当计入的会计科目是(　　)。

A. 财务费用　　B. 其他业务成本　　C. 营业外支出　　D. 销售费用

23. 华泰公司2012年2月主营业务收入为100万元,主营业务成本为80万元,管理费用为5万元,销售费用为3万元,财务费用为2万元,资产减值损失1万元,公允价值变动收益6万元,营业外收入15万元,则该企业当月的营业利润为(　　)万元。

A. 13　　B. 15　　C. 18　　D. 30

(二)非货币性资产交换的核算

1. 下列资产中,不属于货币性资产的是(　　)。

A. 库存现金　　B. 应收账款

C. 准备持有至到期的债券投资　　D. 预付账款

2. 以下交易形式中,属于非货币性资产交换的是(　　)。

A. 以准备持有至到期的债券投资与固定资产交换

B. 以固定资产与无形资产交换

C. 以准备持有至到期的债券投资与股权投资交换

D. 以存货与准备持有至到期的债券投资交换

3. 在确定涉及补价的交易是否为非货币性资产交换时,收到补价的企业,应当按照收到的补价占(　　)的比例低于25%确定。

A. 换出资产公允价值　　B. 换出资产公允价值加上支付的补价

C. 换入资产的公允价值减去补价　　D. 换出资产的公允价值减去补价

4. 甲公司以一台设备换入乙公司的一项专利权。设备的账面原价10万元,已计提折旧2万元,已计提减值准备1万元。甲公司另向乙公司支付补价3万元。两公司资产交换不具有商业实质,则甲公司换入的专利权的入账价值为(　　)万元。

A. 10　　B. 12　　C. 8　　D. 14

5. 在非货币性资产交换中,如果同时换入多项资产,非货币性资产交换具有商业实质,且换入资产、换出资产的公允价值能够可靠计量的,应当按照(　　)的比例,对换入资产的成本总额进行分配,以确定各项换入资产的入账价值。

A. 换入各项资产的公允价值与换入资产公允价值总额

B. 换出各项资产的公允价值与换出资产公允价值总额

C. 换入各项资产的账面价值与换出资产账面价值总额

D. 换出各项资产的账面价值与换出资产账面价值总额

6. 下列各项交易中,不属于货币性资产交换的有(　　)。

A. 以公允价值100万元的无形资产换取一项专利权

B. 以公允价值500万元的长期股权投资换取一台设备

C. 以公允价值200万元的A车床换取B车床,同时收到补价40万元

D. 以公允价值70万元的电子设备换取一辆小汽车,同时支付补价30万元

7. 甲公司以一台A设备换入丙公司的一台B设备。A设备的账面原价为22万元,已计提折旧3万元,已计提减值准备3万元,公允价值20万元。丙公司另向甲公司支付补价2万元。两公司资产交换具有商业实质,甲公司换入B设备应计入当期收益的金额为(　　)万元。

A. 4　　B. 0　　C. 14.4　　D. -4

8. 在确定涉及补价的交易是否为非货币性资产交换时,支付补价的企业,应当按照支付的补价占(　　)的比例低于25%确定。

A. 换出资产公允价值

B. 换出资产公允价值加上支付的补价

C. 换入资产的公允价值加上补价

D. 换出资产的公允价值减去补价

9. 甲股份有限公司发生的下列非关联交易中,属于非货币性资产交换是(　　)。

A. 以公允价值260万元的固定资产换入乙公司账面价值320万元的一项专利权,并支付补价80万元

B. 以账面价值280万元的固定资产换入丙公司公允价值200万元的一项无形资产,并收到补价80万元

C. 以公允价值320万元的长期股权投资换入丁公司的账面价值460万元的设备,并支付补价140万元

D. 以账面价值420万元的持有至到期股权投资换入M公司公允价值390万元的一台设备,并收到补价30万元

10. 甲公司以一台A设备换入乙公司一台D设备,A设备的账面原价44万元,已提折旧6万元,已提减值准备5万元。A设备和D设备的公允价值无法合理确定。乙公司另向甲公司支付补价4万元。则甲公司换入的D设备的入账价值为(　　)。

A. 30　　B. 29　　C. 29.4　　D. 28.6

(三)债务重组的核算

1. 以现金清偿债务的,债务人应当将重组债务的账面价值与实际支付现金之间的差额,计入(　　)。

A. 营业外收入　　B. 资本公积　　C. 本年利润　　D. 其他业务收入

2. 以非现金资产清偿债务的,债务人应当将重组债务的账面价值与转让的非现金资产的公允价值之间的差额,计入(　　)。

A. 主营业务收入　　B. 其他业务收入　　C. 营业外收入　　D. 资本公积

3. 某企业在进行债务重组时,债权人对于受让非现金资产过程中发生的运杂费、保险费等相关税费,应计入(　　)。

A. 管理费用　　B. 接受资产的价值

C. 其他业务成本　　D. 营业外支出

4. 以非现金资产长期股权投资抵偿债务时,其公允价值与账面价值之间的差额,计入(　　)。

A. 营业外收入　　B. 营业外支出　　C. 投资收益　　D. 资本公积

5. 甲企业应收乙企业货款1 170万元,到期日为2012年11月20日。因乙企业发生财务困难,双方进行债务重组。经协商,甲企业同意乙企业以一批产品抵偿债务。产品分三批运到甲企业,时间分别是2012年11月25日、2012年12月5日和2012年12月15日。则在此项债务重组交易中,债务重组日为(　　)。

A. 2012年11月20日　　B. 2012年11月25日

C. 2012年12月5日　　D. 2012年12月15日

6. 甲企业应收乙企业货款100万元,于2012年7月1日到期,因乙企业发生财务困难,经双方协商,甲企业同意减免乙企业2万元债务,余额用现金立即进行清偿。甲企业为该项应收债权计提了5万元的坏账准备。乙企业应确认的债务重组收益是(　　)万元。

A. 2　　B. 5　　C. 93　　D. 98

7. 甲企业应收乙企业货款585万元,于2012年2月1日到期,因乙企业发生财务困难,经双方协商,甲企业同意乙企业以一项专利权抵偿债务。该项专利权的账面原价600万元,已提摊销60万元,已提减值准备20万元,公允价值500万元。甲企业为该项应收债权计提了50万元的坏账准备。在该项债务重组中,乙企业应确认的债务重组收益是(　　)万元。

A. 65　　B. 85　　C. 45　　D. 20

8. 甲企业应收乙企业货款585万元,于2012年2月1日到期,因乙企业发生财务困难,经双方协商,甲企业同意乙企业以一项专利权抵偿债务。该项专利权的账面原价600万元,已提摊销60万元,已提减值准备20万元,公允价值500万元。甲企业为该项应收债权计提了50万元的坏账准备。在该项债务重组中,甲企业无形资产的入账价值是(　　)万元。

A. 585　　B. 535　　C. 520　　D. 500

9. 甲企业应收乙企业货款585万元,于2012年2月1日到期,因乙企业发生财务困难,经双方协商,甲企业同意乙企业以一项专利权抵偿债务。该项专利权的账面原价600万元,已提摊销60万元,已提减值准备20万元,公允价值500万元。甲企业为该项应收债权计提了50万元的坏账准备。在该项债务重组中,甲企业应确认的债务重组损失是(　　)万元。

A. 50　　B. 15　　C. 20　　D. 35

10. 甲企业应收乙企业货款585万元,于2012年2月1日到期,因乙企业发生财务困难,经双方协商,甲企业同意乙企业以一项专利权抵偿债务。该项专利权的账面原价600万元,已提摊销60万元,已提减值准备20万元,公允价值500万元。甲企业为该项应收债权计提了50万元的坏账准备。在该项债务重组中,乙企业无形资产转让损益是(　　)万元。

A. 营业外收入5　　B. 营业外支出20　　C. 营业外收入85　　D. 营业外收入65

(四)会计报表

1. 下列各项目中,应根据其总账账户期末余额直接填列的是(　　)。

A. 预收账款　　B. 在建工程

C. 长期借款　　D. 交易性金融资产

2. 资产负债表中,需要根据几个账户的期末余额汇总填列的是(　　)。

A. 固定资产　　B. 货币资金

C. 累计折旧　　D. 应交税费

3. 下列各项中,不应在资产负债表"存货"项目列示的是(　　)。

A. 库存商品　　B. 生产成本

C. 工程物资　　D. 委托加工物资

4. 下列各项中,应列入利润表的"管理费用"项目的是(　　)。

A. 计提的坏账准备　　B. 出租的无形资产摊销额

C. 处置固定资产净损失　　D. 支付给中介机构的咨询费

5. 下列各项目中,不属于现金流量表中"筹资活动产生的现金流量"的是(　　)。

A. 取得借款收到的现金　　B. 吸收投资收到的现金

C. 处置固定资产收到的现金净额　　D. 分配股利、利润或偿付利息收到的现金

6. 下列各项中,不影响当期利润表中利润总额的是(　　)。

A. 固定资产盘亏损失　　B. 确认的所得税费用

C. 无形资产出售的利得　　D. 对外的捐赠支出

7. 资产负债表中,资产项目是按照资产的(　　)排列的。

A. 重要性　　B. 流动性　　C. 偿还性　　D. 时间性

8. 企业经营租赁收到的现金,应在现金流量表列示的项目是(　　)。

A. 销售商品、提供劳务收到的现金　　B. 收到其他与经营活动有关现金

C. 收到其他与投资活动有关现金　　D. 收到其他与筹资活动有关现金

9. 我国企业利润表采用的格式是(　　)。

A. 单步式　　B. 多步式　　C. 账户式　　D. 报表式

10. 对于将在一年内到期的"持有至到期投资",在资产负债表中正确的填列方法是(　　)。

A. 在"持有至到期投资"项目列示　　B. 在"交易性金融资产"项目列示

C. 在"可供出售金融资产"项目列示　　D. 在流动资产类以单独项目列示

11. 下列各项目中,不在"支付的各项税费"项目反映的是(　　)。

A. 本年发生并已支付的城建税　　B. 上年发生本年支付的所得税

C. 本年支付的购入设备的增值税　　D. 本年支付的车船使用税

12. 下列交易或事项中产生的现金流量,属于"经营活动产生的现金流量"的是(　　)。

A. 出售无形资产产生的现金流量　　B. 偿还短期借款产生的现金流量

C. 取得债券利息产生的现金流量　　D. 支付经营租赁费用产生的现金流量

二、多项选择题

(一)财务成果的核算

1. 下列各项种,工业企业应确认为其他业务收入的有(　　)。

A. 对外销售材料收入　　B. 出售专利权的收入

C. 处置固定资产净收益　　D. 转让商标权的使用费收入

2. 下列说法中,属于收入特征的有(　　)。

A. 收入由销售商品、提供劳务、让渡资产使用权实现

B. 收入是企业在日常活动中形成的经济利益的总流入

C. 收入与投资者投入资本无关

D. 收入本身的影响会导致企业所有者权益的增加

3. 下列有关商品销售收入的确认中,正确的有(　　)。

A. 采用托收承付方式销售商品的,应在办妥托收手续时确认销售商品收入

B. 采用交款提货的方式销售商品的,应在开出发票账单收到货款时确认收入

C. 只要符合销售商品收入确认的绝大部分条件,企业应当及时地确认收入

D. 已经发出商品但尚未确认销售收入的商品成本,应当计入"发出商品"科目

4. 下列各项交易中,通常转移商品所有权凭证并交付实物后,商品所有权上的所有风险和报酬随之转移的有(　　)。

A. 大多数商品零售交易　　B. 预收款销售商品

C. 交款提货方式销售商品　　D. 委托代销商品方式

5. 下列有关劳务收入的确认中,正确的有(　　)。

A. 已经发生的劳务成本预计全部能够得到补偿,应按能够收回的金额确认收入

B. 已经发生的劳务成本预计部分能够得到补偿,应按能够得到补偿的金额确认收入

C. 已经发生的劳务成本预计全部不能得到补偿,应将已发生的劳务成本计入当期损益

D. 已经发生的劳务成本预计部分能够得到补偿,应将无法得到补偿的部分计入营业外支出

6. 下列应计入其他业务成本的有(　　)。

A. 销售材料成本　　B. 出租包装物成本摊销

C. 收取的包装无押金　　D. 转让无形资产的损失

7. 企业跨期提供劳务,期末可以按完工百分比法确认收入的条件包括(　　)。

A. 劳务收入的总额能够合理地估计　　B. 相关的经济利益很可能流入企业

C. 劳务总成本能够合理可靠地计量　　D. 劳务的完成程度能够可靠地确定

8. 下列项目中,计入营业外支出的有(　　)。

A. 无形资产处置净损失　　B. 存货自然灾害净损失

C. 固定资产清理净损失　　D. 长期股权投资损失

9. 下列各项中,影响企业营业利润的有(　　)。

A. 处置无形资产净收益　　B. 出租包装物取得的收入

C. 接受公益性捐赠利得　　D. 经营出租固定资产的折旧额

10. 下列各项中,不应确认为营业外收入的有(　　)。

A. 存货盘盈　　B. 固定资产盘盈

C. 无法查明原因的现金盘盈　　D. 固定资产出租收入

11. 下列各项中,年度终了需要转入"利润分配—未分配利润"科目的有(　　)。

A. 本年利润　　B. 利润分配——应付现金股利

C. 利润分配——盈余公积补亏　　D. 利润分配——提取盈余公积

12. 下列项目中,年末应无余额的有(　　)。

A. 其他业务成本　　B. 利润分配

C. 本年利润　　D. 公允价值变动损益

13. 会计期末结转"本年利润"的方法有(　　)。

A. 表结法　　B. 账结法　　C. 一次结转法　　D. 分次结转法

14. 下列各项中,属于非流动资产处置损失的有(　　)。

A. 固定资产处置净损失　　B. 无形资产处置净损失

C. 原材料销售损失　　D. 存货盘亏损失

(二)非货币性资产交换的核算

1. 下列各项属于货币性资产的是(　　)。

A. 库存现金　　B. 银行存款

C. 预付账款　　D. 准备持有至到期的债券投资

2. 下列资产中,属于非货币性资产的是(　　)。

A. 存货　　B. 固定资产　　C. 无形资产　　D. 长期股权投资

3. 下列项目中,属于非货币性资产交换的有(　　)。

A. 以公允价值100万元的原材料换入一台设备

B. 以公允价值500万元的长期股权投资换入一项专利权

C. 以公允价值100万元的A车床换入B车床,同时收到补价20万元

D. 以公允价值70万元的设备换入一辆小轿车,同时支付补价30万元

4. 企业发生的交易中,如果涉及补价,判断该项交易属于非货币性资产交换的标准是(　　)。

A. 支付的补价占换入资产公允价值的比例小于25%

B. 支付的补价占换出资产公允价值的比例小于25%

C. 支付的补价占换入资产公允价值的比例大于25%

D. 支付的补价占换出资产公允价值和支付的补价之和的比例小于25%

5. 下列各项交易中,属于非货币性资产交换的有(　　)。

A. 以固定资产换入股权　　B. 以银行汇票购买原材料

C. 以银行本票购买固定资产　　D. 以长期股权投资换入原材料

6. 下列项目中,不属于货币性资产的是(　　)。

A. 对没有市价的股票进行投资　　B. 对有市价的股票进行投资

C. 不准备持有至到期的债券投资　　　　D. 准备持有至到期的债券投资

7. 如果非货币性资产交换不具有商业实质,且涉及的补价占整个资产交换金额的比例低于25%,下列说法正确的有(　　)。

A. 支付的补价,应当以换出资产的账面价值加上支付的补价和应支付的相关税费,作为换入资产的成本,不确认损益

B. 收到补价的,应当以换出资产的账面价值减去收到的补价和应支付的相关税费,作为换入资产的成本,不确认损益

C. 收到补价的,应当以换出资产的账面价值减去收到的补价加上应支付的相关税费,作为换入资产的成本,并确认非货币性资产交换损益

D. 支付补价的,换入资产成本与换出资产的账面价值加上支付的补价和应支付的相关税费的差额,应当计入当期损益

8. 下列项目中,属于非货币性资产交换的有(　　)。

A. 以公允价值50万元的原材料换取一项专利权

B. 以公允价值500万元的长期股权投资换取一批原材料

C. 以公允价值100万元的A车床换取B车床,同时收到补价12万元

D. 以公允价值30万元的电子设备换取一辆小汽车,同时支付30万元的补价

(三)债务重组的核算

1. 债务重组主要有以下几种方式(　　)。

A. 以资产清偿债务　　　　B. 将债务转为资本

C. 修改其他债务条件　　　　D. 以上三种方式的组合

2. 关于债务重组准则中以非现金资产清偿债务的,下列说法中正确的有(　　)。

A. 债务人以非现金资产清偿债务的,债务人应将重组债务的账面价值与转让的非现金资产公允价值之间的差额,确认为资本公积,计入所有者权益

B. 债务人以非现金资产清偿债务的,债务人应将重组债务的账面价值与转让的非现金资产公允价值之间的差额,确认为营业外支出,计入当期损益

C. 债务人以非现金资产清偿债务的,债务人应将重组债务的账面价值与转让的非现金资产公允价值之间的差额,计入当期损益

D. 债务人转让非现金资产公允价值与其账面价值之间的差额,计入当期损益

3. 关于债务重组准则,下列说法正确的有(　　)。

A. 债务重组一定是在债务人发生财务困难的情况下发生的

B. 债务重组一定是债权人按照其与债务人达成的协议或者法院的裁定作出让步的事项

C. 债务重组既包括持续经营情况下的债务重组,也包括非持续经营情况下的债务重组

D. 只要债务条件发生变化,无论债权人是否作出让步,均属于债务重组

4. 关于债务重组准则规范的内容包括(　　)。

A. 债务重组的确认

B. 债务重组的计量

C. 债务重组相关信息的披露

D. 债务重组涉及的会计科目在资产负债表中的列示

5. 在债务重组准则中,债务人以现金清偿债务的,下列说法中正确的有(　　)。

A. 债务人应当将重组债务的账面价值与实际支付的现金之间的差额,计入当期损益

B. 若债权人未对应收债权计提减值准备,债权人应当将重组债权的账面价值与收到的现金之间的差额,计入当期损益

C. 若债权人已对债权计提减值准备的,应当先将该差额冲减减值准备,减值准备不足冲减的部分,计入当期损益

D. 若债权人已对债权计提减值准备的,债权人实际收到的款项大于应收债权账面价值的差额,计入当期损益

6. 关于债务重组准则中,债务人以非现金资产清偿债务的,下列说法正确的有(　　)。

A. 债权人应当对接收的非现金资产按其公允价值入账

B. 债权人应当对接收的非现金资产按其账面价值入账

C. 债务人应将重组债务的账面价值与转让的非现金资产公允价值之间的差额,计入当期损益

D. 债务人应将转让的非现金资产公允价值与其账面价值之间的差额,计入当期损益

7. 在债务重组准则中,将债务转为资本的,下列说法中正确的有(　　)。

A. 债务人应当将债权人放弃债权而享有的股份的面值总额确认为股本(或实收资本),股份的公允价值总额与股本(或实收资本)之间的差额确认为债务重组利得

B. 债务人应当将债权人放弃债权而享有的股份的面值总额确认为股本(或实收资本),股份的公允价值总额与股本(或实收资本)之间的差额,确认为资本公积

C. 重组债务的账面价值与股份的公允价值总额之间的差额,计入当期损益

D. 重组债务的账面价值与股份的面值总额之间的差额,计入当期损益

8. 债务重组准则中,债务人的披露内容包括(　　)。

A. 债务重组方式

B. 确认的债务重组利得总额

C. 将债务转为资本所导致的股本(或者实收资本)增加额

D. 或有应付金额

9. 债务重组准则中,债权人的披露内容包括(　　)。

A. 债务重组方式

B. 确认的债务重组损失总额

C. 将债权转为股权所导致的投资增加额及该投资占债务人股份总额的比例

D. 或有应收金额

10. 下列说法中正确的有(　　)。

A. 债务重组是指企业在经营过程中,债权人按照其与债务人达成的协议或者法院的裁定作出让步的事项

B. 或有应收金额,是指需要根据未来某种事项出现而发生的应收金额,而且该未来事项的出现具有不确定性

C. 或有应付金额,是指需要根据未来某种事项出现而发生的应付金额,而且该未来事项的出现具有不确定性

D. 以债务转为资本的,债务人应将重组债务的账面价值与债权人因放弃债权而享有的股权的公允价值之间的差额,计入资本公积

(四)会计报表

1. 资产负债表下列各项目中,应根据有关科目余额减去备抵科目余额后的净额填列的有( )。

A. 存货　　B. 无形资产

C. 应收账款　　D. 长期股权投资

2. 下列各项目中,应在资产负债表"应收账款"项目列示的有( )。

A."预收账款"科目所属明细科目的借方余额

B."应收账款"科目所属明细科目的借方余额

C."应收账款"科目所属明细科目的贷方余额

D."预收账款"科目所属明细科目的贷方余额

3. 下列各项中,属于现金流量表中"现金等价物"的有( )。

A. 库存现金　　B. 银行本票

C. 银行承兑汇票　　D. 持有两个月到期的国债

4. 下列各项中,应列入利润表中"营业成本"项目的有( )。

A. 销售商品的成本　　B. 材料的销售成本

C. 出租非专利技术的摊销额　　D. 出租包装物的摊销额

5. 下列各项中,属于"筹资活动产生的现金流量"的有( )。

A. 分配股利支付的现金　　B. 偿还应付账款支付的现金

C. 偿还债券利息支付的现金　　D. 偿还长期借款支付的现金

6. 下列各项中,属于"经营活动产生的现金流量"的有( )。

A. 收到的税费返还　　B. 偿还债务支付的现金

C. 销售商品、提供劳务收到的现金　　D. 支付给职工及为职工支付的现金

7. 下列各项中,属于"投资活动产生的现金流量"的有( )。

A. 购买股票支付的现金　　B. 向投资者派发的现金股利

C. 购买固定资产支付的现金　　D. 收到被投资单位分配的现金股利

8. 下列各项目中,影响当期利润表中利润总额的有( )。

A. 固定资产盘盈　　B. 确认所得税费用

C. 对外捐赠固定资产　　D. 无形资产出售利得

9. 下列各项中,不属于现金流量表中"现金及现金等价物"的有( )。

A. 库存现金　　B. 其他货币资金

C. 持有3个月以上到期的债券投资　　D. 交易性金融资产

10. 下列会计科目的期末余额,应当列入资产负债表"存货"项目的有(　　)。

A. 生产成本　　B. 材料采购

C. 委托加工物资　　D. 委托代销商品

11. 下列各项目中,应当填列在利润表"营业收入"项目的有(　　)。

A. 主营业务收入　　B. 营业外收入

C. 其他业务收入　　D. 公允价值变动收益

12. 下列各项目中,应当填列在利润表"营业成本"项目的有(　　)。

A. 销售材料成本　　B. 无形资产处置净损失

C. 固定资产盘亏净损失　　D. 经营性租赁固定资产折旧费

13. 下列各项中,应列入利润表"资产减值损失"项目的有(　　)。

A. 原材料盘亏损失　　B. 固定资产减值损失

C. 应收账款减值损失　　D. 无形资产处置净损失

14. 下列各项中,应在资产负债表"货币资金"项目反映的有(　　)。

A. 外埠存款　　B. 商业承兑汇票

C. 银行承兑汇票　　D. 信用卡存款

15. 现金流量表分类反映的现金流量有(　　)。

A. 预测活动产生的现金流量　　B. 经营活动产生的现金流量

C. 投资活动房产生的现金流量　　D. 筹资活动产生的现金流量

三、判断题

(一)财务成果的核算

1. 企业已确认销售收入的售出商品发生销售折让,且不属于资产负债表日后事项的,应当在发生时冲减销售收入。(　　)

2. 企业让渡资产使用权,如果合同或协议规定一次性收取使用费,且不提供后续服务的,应当视同销售该资产一次性确认收入。(　　)

3. 企业对于发出的商品,不符合收入确认条件的,应按其实际成本编制会计分录:借记"发出商品"科目,贷记"库存商品"科目。(　　)

4. 已完成销售手续,但购买方在当月尚未提取的产品,销售方仍应作为本企业库存商品核算。(　　)

5. 企业为客户提供的现金折扣应当在实际发生时冲减当期收入。(　　)

6. 在预售款销售方式下,企业应按照合同约定的收款日期分期确认销售收入。(　　)

7. 企业在确认销售收入后发生的的销售折让,应当在实际发生时计入当期财务费用。(　　)

8. 企业在日常活动中发生销售原材料、包装物等存货业务,应当视同商品销售,其收入确认和计量原则比照商品销售处理。(　　)

9. "发出商品"科目的期末余额应计入资产负债表的"存货"项目。(　　)

10. 与商品所有权有关的主要风险,是指商品可能发生增值形成的损失;与商品所有权

有关的报酬，是指商品价值减值形成的经济利益流入。（ ）

11. 企业劳务的开始和完成分属于不同的会计期间，且在资产负债表日提供劳务交易结果能够可靠估计的，应采用完工百分比法确认劳务收入。（ ）

12. 年度终了，除“未分配利润”明细科目外，“利润分配”科目下的其他明细科目应当无余额。（ ）

13. 采用“表结法”结转本年利润的，年度内每月月末损益类科目发生额合计数和月末累计余额无需转入“本年利润”科目，但要将其填入利润表，在年末时将损益类科目的全年累计余额转入“本年利润”。（ ）

14. 营业外收支是指企业发生的与其日常活动无关的各项利得和损失。（ ）

15. 直接计入当期利润的利得和损失，是指应当计入当期损益、会导致所有者权益发生增减变动的、与所有者投入资本或向所有者分配利润无关的利得和损失。（ ）

（二）非货币性资产交换的核算

1. 因为应收账款可能发生坏账，将来收取的货币是不确定的，因此，应收账款属于非货币性资产。（ ）

2. 在进行不具有商业实质的非货币性资产交换中，如果涉及补价，支付补价的企业，应当以换出资产公允价值加上补价和应支付的相关税费，作为换入资产入账价值。（ ）

3. 换入资产的未来现金流量在风险、时间和金额方面与换出资产显著不同，表明非货币性资产交换具有商业实质。（ ）

4. 非货币性资产交换中不会涉及货币性资产。（ ）

5. 准备持有至到期的债券投资属于非货币性资产。（ ）

6. 当换入资产和换出资产的公允价值能够可靠的计量时，若不涉及补价，应当以换出资产的账面价值和应支付的相关税费作为换入资产的成本，不确认损益。（ ）

7. 企业应当在财务会计报告中披露非货币性资产交换中换入、换出资产的类别及其金额。（ ）

8. 当非货币性资产交换同时满足“交换具有商业实质”和“换入资产或换出资产的公允价值能够可靠地计量”两个条件时，应当以公允价值和应支付的相关税费作为换入资产的成本，公允价值与换出资产账面价值之间的差额计入当期损益。（ ）

9 非货币性资产交换不具有商业实质，或者虽具有商业实质但换入资产的公允价值不能可靠计量的，应当按照换入各项资产的公允价值占换入资产公允价值总额的比例，对换入资产的成本总额进行分配，确定各项换入资产的成本。（ ）

（三）债务重组的核算

1. 债务重组是指企业在经营过程中，债权人按照其与债务人达成的协议或者法院的裁定作出让步的事项。（ ）

2. 债务人以库存现金清偿债务的，债务人应当将重组债务的账面价值与实际支付的库存现金之间的差额，计入资本公积。（ ）

3. 修改后的债务条款如果涉及或有应付金额，债务人就应当将该或有应付金额确认为

预计负债。（　）

4. 修改后的债务条款如果涉及或有应收金额，债权人就应当将该或有应收金额计入重组后的债权的账面价值。（　）

5. 债务重组日，债权人可能对债务作出让步，也可能不作出让步。（　）

6. 或有应收金额，是指需要根据未来某种事项出现而发生的应收金额，而且该未来事项的出现具有不确定性。（　）

7. 或有应付金额，是指需要根据未来某种事项出现而发生的应付金额，而且该未来事项的出现具有不确定性。（　）

8. 以债务转为资本的，债务人应将重组债务的账面价值与债权人因放弃债权而享有的股权的公允价值之间的差额，计入资本公积。（　）

9. 债务人以非现金资产清偿债务的，债权人应当对接收的非现金资产按其公允价值入账。（　）

10. 债务人以非现金资产清偿债务的，债权人应当对接收的非现金资产按其账面价值入账。（　）

11. 债务人以现金资产清偿债务的，若债权人未对应收债权计提减值准备，债权人应当将重组债权的账面价值与收到的现金之间的差额，计入当期损益。（　）

12. 债务人以现金资产清偿债务的，若债权人已对债权计提减值准备的，应当先将该差额冲减价值准备，减值准备不足冲减的部分，计入当期损益。（　）

（四）会计报表

1. 所有者权益变动表能够反映所有者权益各组成部分当期增减变动情况，有助于报表使用者理解所有者权益增减变动的原因。（　）

2. 财务报表附注是对资产负债表、利润表、现金流量表和所有者权益变动表等报表中列示项目的文字描述或明细资料，以及对未能在这些报表中列示的项目的说明等。（　）

3. 资产负债表反映企业在某一特定时期拥有的资产、需要偿还的债务，以及股东（或投资者）拥有的净资产的情况。（　）

4. 现金流量表“支付给职工以及为职工支付的现金”项目，反映企业本期实际支付给职工的工资、奖金、各种津贴和补贴等职工薪酬，也包括代扣代缴的职工个人所得税。（　）

5. 资产负债表“长期借款”项目，应当根据“长期借款”科目余额扣除“长期借款”科目所属的明细科目中将在资产负债表日起一年内到期、且企业不能自主地将清偿义务展期的长期借款后的金额填列。（　）

6. 我国企业资产负债表采用“报告式”结构，利润表采用多步式结构。（　）

7. 如果上年度的资产负债表规定的各项目的名称和内容与本年度不一致，应对本年末资产负债表中的名称和数字按照上年度的规定进行调整，填入“年初余额”栏内。（　）

8. 企业用现金购买将于 3 个月到期的国库券，属于现金及现金等价物之间的转换，不产生现金流量变动。（　）

9. 分配股利、利息支付的现金，属于投资活动产生的现金流量。（　）

10. 转让股票所取得的收入，不影响利润表的营业利润。（　）

11. 企业必须对外提供资产负债表、利润表和现金流量表,报表附注不属于必须对外提供的资料。 ( )

12. 我国现行企业会计准则规定,企业资产负债表的“应收票据”项目包括已向银行办理贴现的银行承兑汇票。 ( )

四、岗位核算题

(一)财务成果的核算

1. 华泰公司为增值税一般纳税人,适用的增值税率17%。2012年9月1日,向江明公司销售A商品200件,增值税专用发票上注明的价款20 000元,增值税额为3 400元,该批商品实际成本12 000元,已计提存货跌价准备200元。企业为了及早收回货款,在合同中规定的现金折扣条件为2/10,1/20,n/30,该批商品已于当日发出。假定计算现金折扣时不考虑增值税因素。

要求:

(1)编制销售实现时的会计分录。

(2)编制分别在9月6日、9月16日和9月26日收到购货款的会计分录。

2. 华泰公司于2012年11月1日委托利民公司代销一批A商品200件,协议价为每件1 000元,该商品实际成本为每件600元,双方适用的增值税率均为17%。至月末,利民公司将A商品按每件1 200元全部售出,实际销售时开具的增值税专用发票上注明售价240 000元,增值税40 800元,货款已结算。华泰公司收到利民公司开出的代销清单,开具增值税专用发票,发票上注明售价200 000元,增值税额34 000元。

要求:

(1)按视同买断方式分别华泰公司和利民公司的账务处理;

(2)如果采用收取手续费方式,利民公司按收入的15%收取手续费,分别华泰公司和利民公司的账务处理。

3. 华泰公司为增值税一般纳税人,增值税率17%。商品销售价格不含增值税,在确认商品销售收入时逐笔结转销售成本。假定不考虑其他相关税费。2012年11月份公司发生如下经济业务:

(1)2日,向江明公司销售一批A商品1 600件,标价总额800万元(不含增值税),商品实际成本480万元。为了促销,华泰公司给予15%的商业折扣,并开具了增值税专用发票。华泰公司已发出商品,并向银行办妥了托收手续。

(2)10日,因部分A商品的规格与合同不符,江明公司退回A商品800件,当日,华泰公司按规定向江明公司开具了增值税专用发票(红字),销售退回允许扣除当期增值税销项税额,退回商品已验收入库。

(3)15日,华泰公司将部分退回的A商品作为福利发放给本公司职工,其中生产工人500件,行政管理人员40件,专设销售机构60件,该商品每件市场价0.4万元(与计税价一致),实际成本0.3万元。

(4)25日,收到和谐公司来函,上月10日售出的B商品因不符合规定的质量标准,要求华泰公司给予 10% 的销售折让，该批商品的售价为 600 万元，增值税税额为 102 万元，货款已结清。经华泰公司认定，同意给予折让并以银行存款退还折让款，同时开具了增值税专用发票(红字)。

要求：

(1)逐笔编制上述业务的会计分录。

(2)计算华泰公司 11 月份的主营业务收入总额。

4. 兴隆公司为增值税一般纳税人，增值税率 17%。商品销售价格不含增值税，在确认商品销售收入时逐笔结转销售成本。2012 年华泰公司发生如下经济业务：

(1)3 月 15 日，向江明公司销售一批 A 商品，开出的增值税专用发票上注明的售价为 200 000 元，增值税额为 34 000 元；华泰公司已收到江明公司支付的价税款 234 000 元，并将提货单送交江明公司。该批商品的成本为 120 000 元。

(2)6 月 3 日，向利民公司销售一批 B 商品，开出的增值税专用发票上注明的售价为 600 000元，增值税额 102 000 元，华泰公司以存款代垫运杂费 3 000 元，收到利民公司开出的不带息的银行承兑汇票一张，票面金额 705 000 元，期限 3 个月；该批商品的成本为 360 000元。

(3)7 月 10 日，由于产品结构变化，华泰公司决定将一批不需用的原材料出售给和谐公司，开出的增值税专用发票上注明材料售价为 20 000 元，增值税 3 400 元，价税款已收到存入银行，该批材料成本为 16 000 元。

(4)11 月 5 日，与利民公司签订协议，采用预收款方式销售一批 B 商品，该批商品成本为 600 000 元。协议约定，该批商品的售价为 800 000 元，增值税额 136 000 元。利民公司按售价的 60% 预付货款，款已收到存入银行，余款在收到商品时一次付清。

(5)11 月 30 日，确认本月设备安装劳务收入。该设备安装劳务合同总收入为 100 万元，预计合同总成本为 70 万元，合同价款在前期预订合同时已收取。采用完工百分比法确认劳务收入。截至本月末，该劳务的累积完工进度为 60%，前期已累计确认劳务收入 50 万元，劳务成本 35 万元。

(6)12 月 20 日，采用托收承付结算方式销售给和谐公司一批 M 商品，开出的增值税专用发票上注明价款 100 000 元，增值税额 17 000 元，以存款代垫运杂费 3 000 元。该批商品的消费税率 10%，实际成本 60 000 元。商品已经发出，并办妥托收手续。

(7)12 月 25 日，向江明公司转让一项软件的使用权，一次性收取使用费 20 万元并存入银行，且不提供后续服务。

要求：逐笔编制有关业务的会计分录。

5. 华泰公司为增值税一般纳税人，适用增值税率 17%，2012 年 12 月有关收支账户的余额见表 8－1。

表8－1　各损益类科目的余额表　　单位:元

收入类科目	贷方余额	支出类科目	借方余额
主营业务收入	9 000 000	主营业务成本	5 600 000
其他业务收入	1 050 000	其他业务成本	560 000
投资收益	900 000	营业税金及附加	120 000
营业外收入	75 000	管理费用	1 155 000
公允价值变动损益	225 000	销售费用	750 000
		财务费用	300 000
		营业外支出	375 000
		资产减值损失	150 000
		所得税费用	570 000

要求:采用“账结法”结转本年利润。

6. 兴隆公司2012年全年实际税后利润5 600万元,假定该公司以前年度未发生亏损。

要求:按以下要求进行相关的账务处理。

(1)按净利润的10%提取法定盈余公积。

(2)经股东大会决议,按净利润的15%提取任意盈余公积。

(3)经股东大会决议,向投资者分配利润30%。

(4)将本年净利润5 600万元转入“利润分配”账户。

(5)将“利润分配”科目下有关明细科目的余额转入“利润分配——未分配利润”账户。

(二)非货币性资产交换的核算

1. 2012年11月1日华泰公司决定以一批商品与江明公司的一台设备相交换。库存商品的成本80 000元,公允价值100 000元,公允价值等于计税价格,江明公司设备原价120 000元,已提折旧5 000元,已提减值准备2 000元,设备公允价值100 000元,华泰公司换入的设备作固定资产管理,江明公司换入的商品作原材料管理,华泰公司、江明公司均为增值税一般纳税人,增值税率17%。

(1)假定双方交换具有商业实质,采用公允价值计价。

(2)假定双方交换不具有商业实质,采用账面价值计价。

要求:分别作出华泰公司和江明公司进行非货币性资产交换的会计处理。

2. 2012年11月11日,兴隆公司以一台设备与利民公司的一项专利权相交换。兴隆公司设备的账面原价200 000元,已提折旧20 000元,公允价值160 000元;利民公司专利权的账面原价180 000元,累计摊销5 000元,公允价值160 000元。利民公司换入设备作固定资产进行管理。两公司均未对资产计提减值准备。兴隆公司、利民公司均为增值税一般纳税人,增值税率17%。

(1)假定双方交换具有商业实质,采用公允价值计价。

(2)假定双方交换不具有商业实质,采用账面价值计价。

要求:分别作出兴隆公司和利民公司进行非货币性资产交换的会计处理。

3. 2012 年 11 月 15 日，华泰公司以一台生产经营用的设备与大华公司一辆货运汽车相交换。华泰公司设备的账面原价 150 000 元，已提折旧 30 000 元，公允价值 100 000 元；大华公司货运汽车的账面原价 140 000 元，已提折旧 20 000 元，公允价值 110 000 元。为此交换，华泰公司支付设备的清理费用 2 000 元，并向大华公司支付补价 10 000 元。假定双方交换后的资产均作为固定资产进行管理。华泰公司、大华公司均为增值税一般纳税人，增值税率 17%。

(1)假定双方交换具有商业实质，采用公允价值计价。

(2)假定双方交换不具有商业实质，采用账面价值计价。

要求：分别华泰公司和大华公司进行非货币性资产交换的会计处理。

(三)债务重组的核算

1. 华泰公司应收江明公司价税款 117 万元，于 2012 年 3 月 15 日到期。因江明公司发生财务困难，无法按合同规定偿还债务。经双方协商于 2012 年 6 月 5 日进行债务重组。华泰公司同意减免江明公司债务 7 万元，其余用现金立即进行清偿。华泰公司未对该项债权计提减值准备。

要求：分别华泰公司和江明公司作出有关的会计处理。

2. 华泰公司应收江明公司价税款 117 万元，于 2012 年 3 月 15 日到期。因江明公司发生财务困难，无法按合同规定偿还债务。经双方协商于 2012 年 6 月 5 日进行债务重组。华泰公司同意减免江明公司债务 7 万元，其余用现金立即进行清偿。华泰公司已对该债权计提 5 万元的坏账准备。

要求：分别华泰公司和江明公司作出有关的会计处理。

3. 兴隆公司应收利民公司价税款 585 000 元，于 2012 年 7 月 10 日到期。因利民公司发生财务困难，无法按合同规定偿还债务。经双方协商于 2012 年 8 月 5 日进行债务重组。重组协议如下：利民公司以一批产品抵偿该项债务，该批产品的成本 400 000 元，公允价值 450 000 元，公允价值等于计税价格，兴隆公司、利民公司均为增值税一般纳税人，增值税率 17%。该批产品于 2012 年 8 月 12 日到达华泰公司。

要求：

(1)作出利民公司债务重组的有关分录。

(2)若兴隆公司未对该项债权计提减值准备，作出兴隆公司债务重组的有关分录。

(3)若兴隆公司已对该项债权计提减值准备 29 250 元，作出兴隆公司债务重组的有关分录。

4. 华泰公司应收大成公司价税款 468 000 元，于 2012 年 1 月 10 日到期。因大成公司发生财务困难，无法按合同规定偿还债务。经双方协商于 2012 年 2 月 5 日进行债务重组。重组协议如下：大成公司以一台设备抵偿该项债务，该设备的原始价值 500 000 元，已提折旧 50 000 元，已提减值准备 12 000 元，公允价值 350 000 元。该设备于 2012 年 2 月 12 日到达华泰公司。华泰公司与大成公司均为增值税一般纳税人，增值税率 17%。

要求：

(1)作出大成公司债务重组的有关分录。

(2)若华泰公司未对该项债权计提减值准备，作出该公司债务重组的有关分录。

(3)若华泰公司已对该项债权计提减值准备 46 800 元，作出该公司债务重组的分录。

5. 杰成公司应收科达公司价税款351 000元，于2012年3月10日到期。因科达公司发生财务困难，无法按合同规定偿还债务。经双方协商于2012年3月20日进行债务重组。重组协议如下：杰成公司同意科达公司以其普通股抵偿该项债务。科达公司用于抵债的普通股30 000股，每股面值1元，每股市价10元。双方于2012年3月28日办理有关股权登记手续。

要求：

(1)作出科达公司债务重组的有关分录。

(2)若杰成公司未对该项债权计提减值准备，作出杰成公司债务重组的有关分录。

(3)若杰成公司已对该项债权计提减值准备20 000元，作出杰成公司债务重组的有关分录。

6. 大华公司应收红光公司价税款234 000元，于2012年2月10日到期，因红光公司发生财务困难，无法按合同规定偿还债务。经双方协商于2012年2月15日进行债务重组。重组协议如下：

(1)大华公司同意减免红光公司债务20 000元；

(2)红光公司以一批原材料抵偿一部分债务，该批材料的成本80 000元，公允价值100 000元，公允价值等于计税价格；

(3)红光公司以其拥有的一台设备抵偿该项债务的其余部分，设备的原价120 000元，已提折旧30 000元，公允价值80 000元。

(4)假定大华公司、红光公司均为增值税一般纳税人，增值税率17%。

要求：

(1)作出红光公司债务重组的有关分录。

(2)若大华公司未对该项债权计提减值准备，作出该公司债务重组的有关分录。

(3)若大华公司已对该项债权计提减值准备35 100元，作出该公司债务重组的有关分录。

(四)会计报表

1. 华泰公司2012年有关资料如下：

(1)2012年1月1日有关总账和明细账的余额见表8－2。

表8－2　总账和明细账的余额

金额单位：万元

总　账	明细账	借或贷	余　额
应收账款	——江明公司	借	300
坏账准备		贷	15
长期股权投资	——昌河公司		1 250
固定资产	——厂房		1 500
累计折旧			450
固定资产减值准备			100
应付账款	——和谐公司	借	75
	——利民公司	贷	525
长期借款	——甲银行		150

注：①该公司单独设置"预付账款"会计科目。

②表中长期借款为2011年11月1日借入，期限2年，年利率6%，每年付息一次。

(2)2012 年华泰公司发生以下经济业务：

1)1 月 10 日，收回上年已作为坏账转销的应收江明公司货款 35 万元，并存入银行。

2)3 月 31 日，从银行取得借款 300 万元，期限 2 年，年利率 5%，每年付息一次。

3)4 月 20 日，购入一台生产用设备，增值税专用发票上注明价款 10 万元，增值税额 1.7 万元，设备已交付使用。

4)5 月 10 日，收到和谐公司发来的一批材料，增值税专用发票上注明价款 50 万元，增值税 8.5 万元，材料按实际成本验收入库，款已于上年度预付。

5)8 月 20 日，从利民公司购进一批材料，增值税专用发票上注明价款 20 万元，增值税额 3.4 万元，价税款尚未支付。

6)12 月 31 日，对江明公司的应收账款按 5% 计提坏账准备。

7)华泰公司对昌河公司的股权投资采用权益法核算，其投资额占昌河公司股权的 30%，2011 年昌河公司实现净利润 900 万元。

8)12 月 31 日计提本年度固定资产折旧 15 万元，计提固定资产减值准备 3 万元。

要求：计算华泰公司 2011 年 12 月 31 日资产负债表下列项目的年末余额：①应收账款；②预付账款；③长期股权投资；④固定资产；⑤应付账款；⑥长期借款。

2. 华泰公司为增值税一般纳税人，适用的增值税率 17%，所得税税率 25%，年末一次确认所得税费用。商品、材料销售均不含增值税，商品、材料销售时同时结转成本，本年利润采用表结法结转。有关资料如下：

(1)2012 年 11 月 30 日损益类有关账户的余额见表 8－3。

表 8－3　损益类有关账户余额　　单位：元

收入类科目	贷方发生额	支出类科目	借方发生额
主营业务收入	4 000 000	主营业务成本	2 400 000
其他业务收入	1 600 000	其他业务成本	1 100 000
投资收益	400 000	营业税金及附加	86 000
公允价值变动收益	30 000	管理费用	84 000
营业外收入	50 000	销售费用	25 000
		财务费用	35 000
		营业外支出	8 000
		资产减值损失	12 000

(2)2012 年 12 月华泰公司发生下列经济业务：

1)2 日，向江明公司销售一批 A 商品，开出的增值税专用发票上注明价款 300 000 元，增值税额 51 000 元，以银行存款代垫运杂费 2 000 元，该批商品的成本为 180 000 元。该批商品已发出，并通过银行办妥托收手续。

2)5 日，出售不需用的材料一批，增值税专用发票上注明价款 40 000 元，增值税额6 800 元，价税款已收到存入银行。该批材料的实际成本为 30 000 元。

3)15 日，因违反合同以存款支付罚款 3 000 元。

4)31 日,计提本月固定资产折旧,其中生产车间固定资产折旧 20 000 元,企业管理部门固定资产折旧 16 000 元。

5)31 日,确认本月应交的城市维护建设税 8 000 元,教育费附加 2 000 元。

6)31 日,公司持有的交易性金融资产市场价格为 800 000 元,该交易性金融资产的账面价值 790 000 元。

7)31 日,计提当月计入财务费用的应付利息 3 000 元。

8)31 日,确认本月所得税费用 862 000 元。

要求:

1)根据以上资料,编制华泰公司有关的会计分录。

2)根据所作会计分录,编制华泰公司 2012 年度的利润表,格式见表8-4。

表 8-4　利润表

会企 02 表

编制单位:　　　　　　　　____年____月　　　　　　　　单位:元

项　目	本期金额	上期金额
一、营业收入		
减:营业成本		
营业税金及附加		
销售费用		
管理费用		
财务费用		
资产减值损失		
加:公允价值变动收益(损失以"-"号填列)		
投资收益(损失以"-"号填列)		
其中:对联营企业和合营企业的投资收益		
二、营业利润(亏损以"-"号填列)		
加:营业外收入		
减:营业外支出		
其中:非流动资产处置损失		
三、利润总额(亏损总额以"-"号填列)		
减:所得税费用		
四、净利润(净亏损以"-"号填列)		
五、每股收益		
(一)基本每股收益		
(二)稀释每股收益		

3. 会计报表编制。

华泰公司为一般纳税人,适用的增值税税率为 17%,所得税税率为 25%,所得税采用资产负债表债务法核算。该企业原材料采用计划成本计价。2011 年 12 月 31 日有关账户的余额见表 8－5。

表 8－5　总账账户余额表　　　　金额单位:万元

账户名称	借方余额	账户名称	贷方余额
库存现金	18	短期借款	780
银行存款	1 392	应付票据	480
其他货币资金	90	应付账款	900
交易性金融资产	240	预收账款	12
应收票据	90	应付职工薪酬	12
应收账款	120	应交税费	630
预付账款	6	其他应付款	6
坏账准备	－30	长期借款	1 380
其他应收款	12	应付债券	600
原材料	338.4	实收资本	6 000
周转材料	120	资本公积	120
库存商品	1 500	盈余公积	480
材料成本差异	20.4	利润分配	900
存货跌价准备	－18		
持有至到期投资	72		
长期股权投资	600		
固定资产	9 000		
累计折旧	－1 800		
在建工程	510		
无形资产	72		
累计摊销	－12		
合　计	12 300	合　计	12 300

2012 年该公司发生的经济业务如下:

(1)购入原材料一批,增值税专用发票上注明的材料价款 3 000 万元,增值税款 510 万元,货款尚未支付,材料已运达企业,该批材料计划成本 3 060 万元。

(2)销售产品一批,价款 4 800 万元,该批产品实际成本 1 200 万元,增值税专用发票上注明的增值税款 816 万元,产品已经发出,货款已收到存入银行。

(3)销售多余材料,计划成本 30 万元,增值税专用发票上注明的价款 54 万元,增值税款 9.18 万元。材料已发出,款项尚未收到。

(4)该公司持有昌和公司有表决权资本的 40%,本年度昌和公司实现净利润 600 万元,实际分得现金股利 90 万元。

(5)向银行借入短期借款 120 万元,年度内支付利息 6 万元(未预提)。

(6)购入兴隆公司发行的三年期,到期一次还本付息的债券,面值 600 万元,年利率 10%。公司按 672 万元价格购入,款项已用银行存款支付,年终按规定计提债券利息,并按直线法摊销债券溢价。

(7)将一张到期的无息银行承兑汇票连同解讫通知和进账单一并交银行办理转账,票据面值 18 万元,款项已收妥。

(8)购入不需安装的固定资产 6 000 万元(不考虑增值税),款项已用银行存款支付。

(9)本年平价发行债券 5 400 万元,利率 10%,发行债券筹资的资金与固定资产购建无关。本年偿还已到期债券面值 216 万元,利息 24 万元。

(10)提取现金支付职工薪酬 297.6 万元。

(11)分配职工薪酬 297.6 万元。其中,生产工人薪酬 171 万元,车间管理人员薪酬 27.36 万元,行政管理人员薪酬 58.2 万元,在建工程人员的薪酬 41.04 万元。

(12)计提固定资产折旧 300 万元,其中应计入制造费用的金额为 180 万元,应计入管理费用的金额为 120 万元。

(13)出售房屋一栋,原价 3300 万元,已提折旧 1 200 万元,出售所得收入 2 400 万元,发生清理费用 60 万元,款项均以银行存款收支。设备已清理完毕。

(14)用银行存款支付仓库出包工程款 3 000 万元。

(15)办公楼在建工程完工交付使用,价值 3 120 万元。

(16)摊销无形资产 12 万元。

(17)摊销长期待摊费用 30 万元,其中,基本生产车间 24 万元,行政管理部门 6 万元。

(18)基本生产车间领用原材料,计划成本 360 万元,结转本期材料成本差异,材料成本差异率 -2%。

(19)出售交易性金融资产,其账面价值为 150 万元,实际收到现金 180 万元。

(20)原材料发生非常损失 120 万元,材料成本差异率 -2%,经批准,计入营业外支出。

(21)出租包装物一批,实际成本 18 万元,包装物成本采用一次摊销法。收取押金 30 万元,本年取得租金收入 12 万元。

(22)销售产品一批,价款 180 万元,增值税 30.6 万元,收到一张为期 3 个月的无息商业承兑汇票,该批产品实际成本为 108 万元。

(23)将上述票据贴现,贴现息 18.6 万元。

(24)用银行汇票支付采购材料款,购入材料款及运杂费 60 万元,支付增值税 10.2 万元。同时收到开户银行转来的银行汇票多余账款通知,通知上填写多余款 7.8 万元。原材料已验收入库,计划成本 54 万元。

(25)用银行存款支付广告费 60 万元。

(26)用银行存款预付经营租入固定资产改良支出 12 万元。

(27)购入交易性金融资产,支付款项 13.8 万元,其中已宣告但尚未发放的现金股利 1.8 万元。

(28)结转本期制造费用 231.36 万元

(29)结转本期完工产品成本 755.16 万元(期初、期末均无在产品)。

(30)本期应交城市维护建设税 30 万元,其中,销售产品应交 24 万元,销售材料应交 6 万元。应交教育费附加 12 万元,其中销售产品应交 9 万元,销售材料应交 3 万元。

(31)提取坏账准备 24 万元。

(32)计算应交所得税 743.07 万元,本年实际交纳所得税 720 万元,增值税 240 万元,城市维护建设税 30 万元，应交教育费附加 12 万元。（注：期初应交税费全部为所得税。）

（33）结转本年利润。

（34）按净利润的 10% 提取法定盈余公积。

（35）根据股东大会提供的利润分配方案，向投资者分配现金股利 60.66 万元，并已支付。

要求：

（1）根据上述资料编制会计分录。

（2）登记“T”字形账户。

（3）编制账户发生额及余额试算平衡表。

（4）编制 2012 年度资产负债表。

（5）编制 2012 年度利润表。

（6）编制 2012 年度现金流量表。

【参考答案】

一、单项选择题

（一）财务成果的核算

1. A　2. C　3. B　4. A　5. A　6. C　7. D　8. C　9. C　10. C　11. B　12. A　13. B　14. D　15. B　16. B　17. B　18. B　19. A　20. C　21. D　22. C　23. D

（二）非货币性资产交换的核算

1. D　2. B　3. A　4. A　5. A　6. D　7. A　8. B　9. C　10. B

（三）债务重组的核算

1. A　2. C　3. B　4. C　5. D　6. A　7. B　8. D　9. D　10. B

（四）会计报表

1. D　2. B　3. C　4. D　5. C　6. B　7. B　8. C　9. B　10. D　11. C　12. D

二、多项选择题

（一）财务成果的核算

1. AD　2. BCD　3. ABD　4. ABC　5. ABC　6. AB　7. ABCD　8. ABC　9. BD　10. ABD　11. ABCD　12. ACD　13. AB　14. AB

（二）非货币性资产交换的核算

1. ABD　2. ABCD　3. ABC　4. AD　5. AD　6. ABC　7. AB　8. ABC

（三）债务重组的核算

1. ABCD　2. CD　3. AB　4. ABC　5. ABC　6. ACD　7. BC　8. ABCD　9. ABCD

10. ABC

(四)会计报表

1. ABCD 2. AB 3. BD 4. ABCD 5. ACD 6. ACD 7. ACD 8. ACD 9. CD 10. ABCD 11. AC 12. AD 13. BC 14. AD 15. BCD

三、判断题

(一)财务成果的核算

1. √ 2. √ 3. √ 4. × 5. × 6. × 7. × 8. √ 9. √ 10. × 11. √ 12. √ 13. √ 14. × 15. √

(二)非货币性资产交换的核算

1. × 2. × 3. √ 4. × 5. × 6. × 7. √ 8. √ 9. ×

(三)债务重组的核算

1. √ 2. × 3. × 4. × 5. × 6√ 7. √ 8. × 9. × 10. × 11. × 12. ×

(四)会计报表

1. √ 2. √ 3. × 4. × 5. √ 6. √ 7. × 8. × 9. × 10. × 11. × 12. ×

四、岗位核算题

(一)财务成果的核算

1. (1)借:应收账款——江明公司 23 400
　　贷:主营业务收入——A 商品 20 000
　　　应交税费——应交增值税(销项税额) 3 400

借:主营业务成本——A 商品 11 800
　存货跌价准备 200
　贷:库存商品——A 商品 12 000

(2)若在9月6日收款:

借:银行存款 23 000
　财务费用——现金折扣 400
　贷:应收账款——江明公司 23 400

若在9月16日收款:

借:银行存款 23 200
　财务费用——现金折扣 200
　贷:应收账款——江明公司 23 400

若在9月26日收款:

借:银行存款 23 400
　贷:应收账款——江明公司 23 400

2.（1）视同买断方式：

A. 华泰公司的账务处理如下：

a. 发出商品时：

借：发出商品——A 商品　120 000

　贷：库存商品——A 商品　120 000

b. 收到代销清单：

确认收入：

借：应收账款——利民公司　234 000

　贷：主营业务收入——A 商品　200 000

　　应交税费——应交增值税（销项税额）　34 000

结转成本：

借：主营业务成本——A 商品　120 000

　贷：发出商品——A 商品　120 000

c. 收到代销款

借：银行存款　234 000

　贷：应收账款——利民公司　234 000

B. 利民公司的账务处理如下：

a. 收到代销商品：

借：受托代销商品——A 商品　200 000

　贷：代销商品款——华泰公司　200 000

b. 代销商品销售：

确认收入：

借：银行存款　280 800

　贷：主营业务收入——A 商品　240 000

　　应交税费——应交增值税（销项税额）　40 800

结转成本：

借：主营业务成本——A 商品　200 000

　贷：受托代销商品——A 商品　200 000

c. 开出代销清单，收到委托方的增值税专用发票：

借：应交税费——应交增值税（进项税额）　34 000

　贷：应付账款——华泰公司　34 000

借：代销商品款——华泰公司　200 000

　贷：应付账款——华泰公司　200 000

d. 支付代销商品款

借：应付账款——华泰公司　234 000

　贷：银行存款　234 000

（2）收取手续费方式：

A. 华泰公司的账务处理如下：

a. 发出商品时：

借：发出商品——A 商品　　120 000

　贷：库存商品——A 商品　　120 000

b. 收到代销清单：

确认收入：

借：应收账款——利民公司　　234 000

　贷：主营业务收入——A 商品　　200 000

　　应交税费——应交增值税（销项税额）　　34 000

结转成本：

借：主营业务成本——A 商品　　120 000

　贷：发出商品——A 商品　　120 000

确定代销手续费：

借：销售费用——手续费　　30 000

　贷：应收账款——利民公司　　30 000

c. 收到代销款：

借：银行存款　　204 000

　贷：应收账款——利民公司　　204 000

B. 利民公司的账务处理如下：

a. 收到代销商品：

借：受托代销商品——A 商品　　200 000

　贷：代销商品款——华泰公司　　200 000

b. 代销商品销售：

借：银行存款　　234 000

　贷：应付账款——华泰公司　　200 000

　　应交税费——应交增值税（销项税额）　　34 000

同时：

借：代销商品款——华泰公司　　200 000

　贷：受托代销商品——A 商品　　200 000

c. 开出代销清单，收到委托方的增值税专用发票：

借：应交税费——应交增值税（进项税额）　　34 000

　贷：应付账款——华泰公司　　34 000

d. 支付代销商品款，并扣除手续费：

借：应付账款——华泰公司　　234 000

　贷：银行存款　　204 000

　　其他业务收入　　30 000

3. (1) 2 日：

确认收入：

借：应收账款——江明公司　　7 956 000
　　贷：主营业务收入——A 商品　　6 800 000
　　　　应交税费——应交增值税（销项税额）　　1 156 000

结转成本：

借：主营业务成本——A 商品　　4 800 000
　　贷：库存商品——A 商品　　4 800 000

（2）10 日：

冲减收入：

借：主营业务收入——A 商品　　3 400 000
　　应交税费——应交增值税（销项税额）　　578 000
　　贷：应收账款——江明公司　　3 978 000

冲减成本：

借：库存商品——A 商品　　2 400 000
　　贷：主营业务成本——A 商品　　2 400 000

（3）15 日：

确认收入：

借：应付职工薪酬——非货币性福利　　2 808 000
　　贷：主营业务收入——A 商品　　2 400 000
　　　　应交税费——应交增值税（销项税额）　　408 000

结转成本：

借：主营业务成本——A 商品　　1 800 000
　　贷：库存商品——A 商品　　1 800 000

月末分配：

借：生产成本　　2 340 000
　　管理费用　　187 200
　　销售费用　　280 800
　　贷：应付职工薪酬——非货币性福利　　2 808 000

（4）25 日：

借：主营业务收入——B 商品　　600 000
　　应交税费——应交增值税（销项税额）　　102 000
　　贷：银行存款　　702 000

华泰公司 6 月份的主营业务收入总额＝6 800 000－3 400 000＝2 400 000－600 000
＝5 200 000（元）

4.（1）3 月 15 日：

确认收入：

借：应收账款——江明公司　　234 000

贷:主营业务收入——A 商品 200 000

应交税费——应交增值税(销项税额) 34 000

结转成本:

借:主营业务成本——A 商品 120 000

贷:库存商品——A 商品 120 000

(2)6 月 3 日:

确认收入:

借:应收票据——江明公司 705 000

贷:主营业务收入——A 商品 600 000

应交税费——应交增值税(销项税额) 102 000

银行存款 3 000

结转成本:

借:主营业务成本——A 商品 360 000

贷:库存商品——A 商品 360 000

(3)7 月 10 日:

确认收入:

借:银行存款 23 400

贷:其他业务收入 20 000

应交税费——应交增值税(销项税额) 3 400

结转成本:

借:其他业务成本 16 000

贷:原材料 16 000

(4)11 月 5 日:

借:银行存款 480 000

贷:预收账款——利民公司 480 000

(5)11 月 30 日:

确认收入:

借:预收账款 100 000

贷:主营业务收入 100 000

结转成本:

借:主营业务成本 70 000

贷:劳务成本 70 000

(6)12 月 20 日:

确认收入:

借:应收账款——江明公司 120 000

贷:主营业务收入——M 商品 100 000

应交税费——应交增值税(销项税额) 17 000

　　银行存款　　3 000

计算应交消费税：

借：营业税金及附加　　10 000

　　贷：应交税费——应交消费税　　10 000

结转成本：

借：主营业务成本——M 商品　　60 000

　　贷：库存商品——M 商品　　60 000

(7)12 月 25 日：

借：银行存款　　200 000

　　贷：其他业务收入　　200 000

5. (1)结转收入类账户余额：

借：主营业务收入　　9 000 000

　　其他业务收入　　1 050 000

　　投资收益　　900 000

　　营业外收入　　75 000

　　公允价值变动损益　　225 000

　　贷：本年利润　　11 250 000

(2)结转支出类账户余额：

借：本年利润　　9 580 000

　　贷：主营业务成本　　5 600 000

　　　　其他业务成本　　560 000

　　　　营业税金及附加　　120 000

　　　　管理费用　　1 155 000

　　　　销售费用　　750 000

　　　　财务费用　　300 000

　　　　营业外支出　　375 000

　　　　资产减值损失　　150 000

　　　　所得税费用　　570 000

6. (1)借：利润分配——提取法定盈余公积　　5 600 000

　　　　贷：盈余公积——法定盈余公积　　5 600 000

(2)借：利润分配——提取任意盈余公积　　8 400 000

　　贷：盈余公积——任意盈余公积　　8 400 000

(3)借：利润分配——应付股利　　16 800 000

　　贷：应付股利　　16 800 000

(4)借：本年利润　　56 000 000

　　贷：利润分配——未分配利润　　56 000 000

(5)借：利润分配——未分配利润　　30 800 000

贷:利润分配——提取法定盈余公积 5 600 000
——提取任意盈余公积 8 400 000
——应付股利 16 800 000

(二)非货币性资产交换的核算

1. (1)假定双方交换具有商业实质,采用公允价值计价。

华泰公司的账务处理如下:

借:固定资产 100 000
应交税费——应交增值税(进项税额) 17 000
贷:主营业务收入 100 000
应交税费——应交增值税(销项税额) 17 000

借:主营业务成本 80 000
贷:库存商品 80 000

江明公司的账务处理如下:

借:固定资产清理 113 000
累计折旧 5 000
固定资产减值准备 2 000
贷:固定资产 120 000

借:原材料 100 000
应交税费——应交增值税(进项税额) 17 000
贷:固定资产清理 100 000
应交税费——应交增值税(销项税额) 17 000

借:营业外支出 13 000
贷:固定资产清理 13 000

(2)假定双方交换不具有商业实质,采用账面价值计价。

华泰公司的账务处理如下:

借:固定资产 80 000
应交税费——应交增值税(进项税额) 17 000
贷:库存商品 80 000
应交税费——应交增值税(销项税额) 17 000

江明公司的账务处理如下:

借:固定资产清理 113 000
累计折旧 5 000
固定资产减值准备 2 000
贷:固定资产 120 000

借:原材料 80 000
应交税费——应交增值税(进项税额) 17 000
贷:固定资产清理 80 000

应交税费——应交增值税(销项税额)　17 000

借:营业外支出　33 000

贷:固定资产清理　33 000

2.(1)假定双方交换具有商业实质,采用公允价值计价。

兴隆公司的账务处理:

1)借:固定资产清理　180 000

累计折旧　20 000

贷:固定资产　200 000

2)借:固定资产清理　27 200

贷:应交税费——应交增值税(销项税额)　27 200

3)借:无形资产　160 000

贷:固定资产清理　160 000

4)借:营业外支出　47 200

贷:固定资产清理　47 200

利民公司的账务处理:

借:固定资产　160 000

应交税费——应交增值税(进项税额)　27 200

累计摊销　5 000

贷:无形资产　180 000

营业外收入　12 200

(2)假定双方不具有商业实质,采用账面价值计件。

兴隆公司的账务处理:

1)借:固定资产清理　180 000

累计折旧　20 000

贷:固定资产　200 000

2)借:固定资产清理　27 200

贷:应交税费——应交增值税(销项税额)　27 200

3)借:无形资产　207 200

贷:固定资产清理　207 200

利民公司的账务处理:

借:固定资产　147 800

应交税费—应交增值税(进项税额)　27 200

累计摊销　5 000

贷:无形资产　180 000

3.(1)假定双方交换具有商业实质,采用公允价值计价。

华泰公司的账务处理:

1)借:固定资产清理　120 000

累计折旧 30 000
贷:固定资产 150 000
2)借:固定资产清理 17 000
贷:应交税费——应交增值税(销项税额) 17 000
3)借:固定资产清理 2 000
贷:银行存款 2 000
4)借:固定资产 110 300
应交税费—应交增值税(进项税额) 18 700
贷:固定资产清理 119 000
银行存款 10 000
5)借:营业外支出 20 000
贷:固定资产清理 20 000
大华公司的账务处理:
1)借:固定资产清理 120 000
累计折旧 20 000
贷:固定资产 140 000
2)借:固定资产清理 18 700
贷:应交税费——应交增值税(销项税额) 18 700
3)借:固定资产 101 700
应交税费——应交增值税(进项税额) 17 000
银行存款 10 000
贷:固定资产清理 128 700
4)借:营业外支出 10 000
贷:固定资产清理 10 000
(2)假定双方交换不具有商业实质,采用账面价值计价。
华泰公司的账务处理:
1)借:固定资产清理 120 000
累计折旧 30 000
贷:固定资产 150 000
2)借:固定资产清理 17 000
贷:应交税费——应交增值税(销项税额) 17 000
3)借:固定资产清理 2 000
贷:银行存款 2 000
4)借:固定资产 130 300
应交税费——应交增值税(进项税额) 18 700
贷:固定资产清理 139 000
银行存款 10 000

大华公司的账务处理：

1）借：固定资产清理　　120 000
　　累计折旧　　20 000
　　贷：固定资产　　140 000

2）借：固定资产清理　　18 700
　　贷：应交税费——应交增值税（销项税额）　　18 700

3）借：固定资产　　111 700
　　应交税费——应交增值税（进项税额）　　17 000
　　银行存款　　10 000
　　贷：固定资产清理　　138 700

（三）债务重组的核算

1. 华泰公司的账务处理：

借：银行存款　　110
　营业外支出——债务重组损失　　7
　贷：应收账款——江明公司　　117

江明公司的账务处理：

借：应付账款——华泰公司　　117
　贷：银行存款　　110
　　营业外收入——债务重组收益　　7

2. 华泰公司的账务处理：

借：银行存款　　110
　坏账准备　　5
　营业外支出——债务重组损失　　2
　贷：应收账款——江明公司　　117

江明公司的账务处理：

借：应付账款—华泰公司　　117
　贷：银行存款　　110
　　营业外收入——债务重组收益　　7

3.（1）利民公司债务重组的分录：

借：应付账款——兴隆公司　　585 000
　贷：主营业务收入　　450 000
　　应交税费——应交增值税（销项税额）　　76 500
　　营业外收入——债务重组收益　　58 500

借：主营业务成本　　400 000
　贷：库存商品　　400 000

（2）若兴隆公司未对该项债权计提减值准备，则其债务重组的分录为：

借：库存商品　　450 000

应交税费——应交增值税(进项税额)　76 500
营业外支出——债务重组损失　58 500
贷:应收账款——利民公司　585 000

(3)若兴隆公司已对该项债权计提减值准备 29 250 元,则其债务重组的分录为:

借:库存商品　450 000
应交税费——应交增值税(进项税额)　76 500
坏账准备　29 250
营业外支出——债务重组损失　29 250
贷:应收账款——利民公司　585 000

4.(1)大成公司债务重组的分录:

1)借:固定资产清理　438 000
累计折旧　50 000
固定资产减值准备　12 000
贷:固定资产　500 000

2)借:固定资产清理　59 500
贷:应交税费——应交增值税(销项税额)　59 500

3)借:应付账款——华泰公司　468 000
贷:固定资产清理　409 500
营业外收入——债务重组利得　58 500

4)借:营业外支出——处置非流动资产损失　88 000
贷:固定资产清理　88 000

(2)若华泰公司未对该项债权计提减值准备,则其债务重组的分录为:

借:固定资产　350 000
应交税费——应交增值税(进项税额)　59 500
营业外支出——债务重组损失　58 500
贷:应收账款——大成公司　468 000

(3)若华泰公司已对该项债权计提减值准备 46 800 元,则其债务重组的分录为:

借:固定资产　350 000
应交税费——应交增值税(进项税额)　59 500
坏账准备　46 800
营业外支出——债务重组损失　11 700
贷:应收账款——利民公司　468 000

5.(1)科达公司债务重组的有关分录:

借:应付账款——杰成公司　35 100
贷:股本　30 000
资本公积——股本溢价　270 000
营业外收入——债务重组利得　51 000

(2)若杰成公司未对该项债权计提减值准备,则其债务重组的分录为:

借:长期股权投资　300 000
　营业外支出——债务重组损失　51 000
　贷:应收账款——大成公司　351 000

(3)若杰成公司已对该项债权计提减值准备 20 000 元,则其债务重组的分录为:

借:长期股权投资　300 000
　坏账准备　20 000
　营业外支出—债务重组损失　31 000
　贷:应收账款—大成公司　351 000

6. (1)红光公司债务重组的分录:

1)借:固定资产清理　90 000
　累计折旧　30 000
　贷:固定资产　120 000

2)借:固定资产清理　13 600
　贷:应交税费——应交增值税(销项税额)　13 600

3)借:应付账款——大华公司　234 000
　贷:其他业务收入　100 000
　　应交税费——应交增值税(销项税额)　17 000
　　固定资产清理　93 600
　　营业外收入——债务重组收益　23 400

4)借:其他业务成本　80 000
　贷:原材料　80 000

5)借:营业外支出——处置非流动资产损失　10 000
　贷:固定资产清理　10 000

(2)若大华公司未对该项债权计提减值准备,则其债务重组的分录为:

借:原材料　100 000
　固定资产　80 000
　应交税费——应交增值税(进项税额)　30 600
　营业外支出——债务重组损失　23 400
　贷:应收账款——红光公司　234 000

(3)若大华公司已对该项债权计提减值准备 35 100 元,则其债务重组的分录为:

借:原材料　100 000
　固定资产　80 000
　应交税费——应交增值税(进项税额)　30 600
　坏账准备　35 100
　贷:应收账款——红光公司　234 000
　　资产减值损失　11 700

（四）会计报表

1. 各项目年末余额的计算：

1）应收账款＝300－15＝285（万元）

2）预付账款＝75（万元）

3）长期股权投资＝1 250＋270＝1 520（万元）

4）固定资产＝1 500－450－100－15－3＋10＝942（万元）

5）应付账款＝525＋23.4＋58.5＝606.9（万元）

6）长期借款＝300（万元）

2. 会计分录如下：

1）2 日：

确认收入：

借：应收账款——江明公司　　353 000

　贷：主营业务收入——A 商品　　300 000

　　应交税费——应交增值税（销项税额）　　51 000

　　银行存款　　2 000

结转成本：

借：主营业务成本——A 商品　　180 000

　贷：库存商品——A 商品　　180 000

2）5 日：

确认收入：

借：银行存款　　46 800

　贷：其他业务收入　　40 000

　　应交税费——应交增值税（销项税额）　　6 800

结转成本：

借：其他业务成本　　30 000

　贷：原材料　　30 000

3）15 日：

借：营业外支出　　3 000

　贷：银行存款　　3 000

4）31 日：

借：制造费用　　20 000

　管理费用　　16 000

　贷：累计折旧　　36 000

5）31 日：

借：营业税金及附加　　10 000

　贷：应交税费——应交城建税　　8 000

　　——应交教育费附加　　2 000

6)31 日：

借:交易性金融资产——公允价值变动　　10 000

　　贷:公允价值变动损益　　10 000

7)31 日：

借:财务费用　　3 000

　　贷:应付利息　　3 000

8)31 日：

借:所得税费用　　862 000

　　贷:应交税费——应交所得税　　862 000

编制的利润表见表 8-6。

表 8-6　利润表

会企 02 表

编制单位：　　2011 年 12 月　　单位:元

项　目	本期金额	上期金额
一、营业收入	5 940 000	(略)
减:营业成本	2 710 000	
营业税金及附加	96 000	
销售费用	25 000	
管理费用	100 000	
财务费用	38 000	
资产减值损失	12 000	
加:公允价值变动收益(损失以"-"号填列)	40 000	
投资收益(损失以"-"号填列)	400 000	
其中:对联营企业和合营企业的投资收益		
二、营业利润(亏损以"-"号填列)	3 409 000	
加:营业外收入	50 000	
减:营业外支出	11 000	
其中:非流动资产处置损失		
三、利润总额(亏损总额以"-"号填列)	3 448 000	
减:所得税费用	862 000	
四、净利润(净亏损以"-"号填列)	2 586 000	
五、每股收益		
(一)基本每股收益		
(二)稀释每股收益		

3. 会计报表编制。

相关会计分录如下：

(1)借:材料采购　　3 000

应交税费——应交增值税(进项税额)　510
　贷:应付账款　3 510
借:原材料　3 060
　贷:材料采购　3 060
借:材料采购　60
　贷:材料成本差异　60
(2)借:银行存款　5 116
　贷:主营业务收入　4 800
　　应交税费——应交增值税(销项税额)　816
借:主营业务成本　1 200
　贷:库存商品　1 200
(3)借:应收账款　63.18
　贷:其他业务收入　54.00
　　应交税费——应交增值税(销项税额)　9.18
借:其他业务成本　30
　贷:原材料　30
(4)借:长期股权投资　240
　贷:投资收益　240
借:银行存款　90
　贷:长期股权投资　90
(5)借:银行存款　120
　贷:短期借款　120
借:财务费用　6
　贷:银行存款　6
(6)借:持有至到期投资——成本　600
　　——利息调整　72
　贷:银行存款　672
借:持有至到期投资——应收利息　60
　贷:投资收益　36
　　持有至到期投资——利息调整　24
(7)借:银行存款　18
　贷:应收票据　18
(8)借:固定资产　6 000
　贷:银行存款　6 000
(9)借:银行存款　5 400
　贷:应付债券——面值　5 400
借:财务费用　540

贷:应付债券——应计利息　540

借:应付债券——面值　216

——应计利息　24

贷:银行存款　240

(10)借:库存现金　297.60

贷:银行存款　297.60

借:应付职工薪酬　297.60

贷:库存现金　297.60

(11)借:生产成本　171.00

制造费用　27.36

管理费用　58.20

在建工程　41.04

贷:应付职工薪酬　297.60

(12)借:制造费用　180

管理费用　120

贷:累计折旧　300

(13)借:固定资产清理　2 100

累计折旧　1 200

贷:固定资产清理　3 300

借:银行存款　2 400

贷:固定资产清理　2 400

借:固定资产清理　60

贷:银行存款　60

借:固定资产清理　240

贷:营业外收入　240

(14)借:在建工程　3 000

贷:银行存款　3 000

(15)借:固定资产　3 120

贷:在建工程　3 120

(16)借:管理费用　12

贷:累计摊销　12

(17)借:制造费用　24

管理费用　6

贷:长期待摊费用　30

(18)借:生产成本　360

贷:原材料　360

借:材料成本差异　7.80

贷:生产成本 7.20
其他业务成本 0.60

(19)借:银行存款 180
贷:交易性金融资产——成本 150
投资收益 30

(20)借:营业外支出——非常损失 117.6
材料成本差异 2.4
贷:原材料 120

(21)借:其他业务成本 18
贷:包装物 18

借:银行存款 42
贷:其他应付款 30
其他业务收入 12

(22)借:应收票据 210.60
贷:主营业务收入 180
应交税费——应交增值税(进项税额) 30.60

借:主营业务成本 108
贷:库存商品 108

(23)借:银行存款 192.00
财务费用 18.60
贷:应收票据 210.60

(24)借:材料采购 60.00
应交税费——应交增值税(进项税额) 10.20
银行存款 7.80
贷:其他货币资金——银行汇票 78.00

借:原材料 54
贷:材料采购 54

借:材料成本差异 24
贷:材料采购 24

(25)借:销售费用 60
贷:银行存款 60

(26)借:长期待摊费用 12
贷:银行存款 12

(27)借:交易性金融资产——成本 12.00
应收股利 1.80
贷:银行存款 13.80

(28)借:生产成本 231.36